dtv

Gut ist uns nicht gut genug – an diesem Motto richten viele von uns ihr Leben aus. Hohe Ansprüche, Konkurrenzdruck und Stress bestimmen deshalb unseren Alltag. Wir würden so gerne perfekt sein – alles für die Karriere geben, Vorzeige-Eltern sein, aber auch den neuesten Lifestyle-Trend nicht verpassen. Doch während wir durch den Tag, die Woche, das Jahr hetzen, läuft das Leben an uns vorbei. Wir nehmen uns die Zeit, am Wochenende noch eben die wichtige Präsentation, die Steuerunterlagen, den Kindergeburtstag vorzubereiten, aber wir nehmen uns nicht die Zeit, uns zu fragen: Was will ich wirklich? Was ist mir wichtig?
Dieses Buch zeigt, dass es auch anders geht. Leicht nachvollziehbare Übungen und handfeste Tipps helfen, unsere Prioritäten neu zu sortieren, für mehr Klarheit in Beruf und Privatleben zu sorgen und Freiräume zu schaffen für die Dinge, die uns wirklich am Herzen liegen. »Gut ist besser als perfekt« steht für die Lebensphilosophie, vieles gut statt weniges perfekt zu machen.

Doris Märtin, promovierte Anglistin, arbeitet als freie Autorin, Übersetzerin und Dozentin. Sie hat zahlreiche Bücher über Kommunikation, Karriere und Persönlichkeitsentwicklung veröffentlicht, zuletzt ›Love talk. Der neue Knigge für zwei‹ (2007).

DORIS MÄRTIN

Gut ist besser als perfekt

Die Kunst, sich das Leben
leichter zu machen

Deutscher Taschenbuch Verlag

Für Christian,
mit dem das Leben selten perfekt,
aber fast immer gut ist

Ungekürzte Ausgabe
Februar 2008
© 2003 Deutscher Taschenbuch Verlag GmbH & Co. KG, München
www.dtv.de
Das Werk ist urheberrechtlich geschützt. Sämtliche, auch
auszugsweise Verwertungen bleiben vorbehalten.
Umschlagkonzept: Balk & Brumshagen
Umschlagfoto: Stock Image / Premium
Lektorat: Julika Jänicke
Grafiken: André Schirmer, lowlight network, Leipzig
Satz: Fotosatz Reinhard Amann, Aichstetten
Gesetzt aus der Minion 9,75/11,8˚ und der PMN Caecilia (QuarkXPress)
Druck und Bindung: Druckerei C.H. Beck, Nördlingen
Gedruckt auf säurefreiem, chlorfrei gebleichtem Papier
Printed in Germany · ISBN 978 3 423 34462 3

Inhalt

Gut ist uns nicht gut genug 9

Gut zu kennen
Entlarven Sie innere Antreiber 18

Gut austariert?
Analysieren Sie Ihr Leben 30

Gute(r) Dinge
Machen Sie sich Luft 44

Gut im Griff
Vereinfachen Sie Ihren Alltag 55

Gut im Geschäft
Retten Sie sich vor der Arbeit 69

In guten und in bösen Tagen
Bauen Sie eine stabile Partnerschaft auf 87

Gute Beziehungen
Machen Sie sich Freunde 102

Gut in Form
Bleiben Sie schön gesund 117

Gut und gern
Reduzieren Sie den Freizeitstress 133

Des Guten zu viel
Machen Sie sich nicht verrückt 144

Gut und schön
Üben Sie sich in Gelassenheit 162

Literatur 177

GUT IST UNS NICHT GUT GENUG

… so lautet nicht nur ein bekannter Werbeslogan, an diesem Motto richten viele Menschen ihr Leben aus. Hohe Ansprüche, Konkurrenzdruck und Stress bestimmen unseren Alltag, unsere Freizeit, unseren Urlaub.

Selbstverständlich lassen wir uns das spannende Projekt nicht entgehen, auch wenn wir uns an das letzte freie Wochenende nur dunkel erinnern. Effizient schicken wir eben noch eine E-Mail raus, obwohl der Kindergarten in dreißig Minuten schließt. Routiniert vergleichen wir Renditen und feilschen um Rabatte, ehe wir uns für einen Fonds zur privaten Altersvorsorge entscheiden.

Nach den Feiertagen wird es ruhiger, trösten wir uns. Im Urlaub tun wir mal was für uns, nehmen wir uns vor. Heute Abend machen wir es uns gemütlich, denken wir. Doch wenn es so weit ist, müssen wir einsehen, dass auch die Freizeit keine freie Zeit mehr ist. Zweimal die Woche Fitness ist Pflicht, ständige Erreichbarkeit Ehrensache, die Teilnahme am Nachbarschaftsfest schon aus Gründen der Höflichkeit ein Muss. Mal einen Nachmittag zu vertrödeln scheint für uns ein Luxus zu sein wie für unsere Eltern ein Urlaub in der Karibik.

Uns geht es gut, aber wir fühlen uns nicht wohl

Uns geht es gut, unverschämt gut. Die meisten von uns haben eine bessere Ausbildung, eine größere Wohnung und einen interessanteren Job als ihre Eltern. Keine Generation vor uns war so wohlhabend, so weit gereist, so aufgeklärt, so gut informiert, so gesund, so frei in ihren Entscheidungen und Entschlüssen. Keine Generation vor uns hatte eine so hohe Lebenserwartung. Allerdings hat auch keine Generation vor uns so viel vom Leben erwartet.

Uns geht es gut. Aber wir fühlen uns nicht wohl. Wir kommen voran, aber wir kommen nicht zu uns. Wir rasen durch die Tage, die Wochen, das Jahr, aber das Leben läuft an uns vorbei. Unsere Terminkalender sind voll, aber statt Erfüllung zu finden, fühlen wir uns leer, gereizt und ausgebrannt.

Wiedersehen mit Hans im Glück

Dabei tun wir wirklich alles, um aus dem Leben das Beste zu machen. Vergnügt wie Hans im Glück tauschen wir das gute Arbeitsklima in der alten Firma ein gegen den Dienstwagen in der neuen, die pflegeleichte Mietwohnung gegen die Doppelhaushälfte im Grünen, die Zeit für Partner, Kind und Hund gegen den großen TV-Roman, das Tastentelefon gegen die hochkomplizierte ISDN-Anlage mit Rufumleitung und eigener Telefonnummer für jedes Familienmitglied. Arglos wie Hans im Glück berauschen wir uns an unseren Entscheidungen, Errungenschaften und Erfolgen.

Das Märchen hat ein Happy End: Hans im Glück betrachtet sich als den glücklichsten Menschen unter der Sonne. Jede seiner impulsiven Entscheidungen deutet er als Erfolg um. Ob er seine zweifelhaften Tauschgeschäfte nicht eines Tages doch bereut, bleibt offen. Hans im Glück wird mit den Konsequenzen seiner Gedankenlosigkeit nie konfrontiert.

Im wahren Leben kommen wir nicht so leicht davon: Dort ereilt uns über kurz oder lang die Realität. Wir beginnen zu ahnen, was wir uns mit der Jagd nach dem immer besseren Leben einhandeln: dass wir unsere Seele dem Job verschreiben, und unsere besten Jahre der Abzahlung von Eigenheim und Zweitwagen. Dass wir gestresst und gehetzt sind, ungeduldig, unleidlich und schnell gelangweilt. Dass unser Spielraum im Lauf der Jahre eher kleiner als größer wurde. Dass wir weniger sensibel und fantasievoll sind als früher. Dass Wohlstand und Erfolg ihren Tribut einfordern.

Schneller, höher, weiter

Auf der ganzen Welt sind Stresserkrankungen auf dem Vormarsch. In den USA leiden 43 Prozent aller Erwachsenen unter stressbedingten Beeinträchtigungen ihrer Gesundheit. Ein Grund dafür ist neben dem alt bekannten Zeitdruck eine neue Zeitangst: ein Gefühl, im Leben nicht all das erreichen und erleben zu können, was wir erreichen sollen und erleben wollen. Je größer der Wohlstand, je höher die Bildung, desto gespannter ist unser Verhältnis zur Zeit. »Wir sind stets der Meinung, zu wenig davon zu haben«, schreibt der amerikanische Autor James Gleick in seinem Buch *Schneller. Eine Zeitreise durch die Turbo-Gesellschaft.* »Das ist einer der Mythen, mit denen wir heute leben.«

Die Folge: Um mit der Dauerbeschleunigung, der Informationsflut, den Konsum- und Erlebnisversuchungen um uns herum wenigstens ansatzweise Schritt zu halten, treiben wir uns immer mehr an – ernähren uns von Fast Food, zappen uns durch dreißig Fernsehkanäle, üben uns im Speed Reading, erledigen mehrere Aufgaben zugleich wie ein Hochleistungscomputer im Multi-Tasking-Betrieb.

Amerikanische Wissenschaftler haben dem Gefühl, nur einmal zu leben und auch das viel zu kurz, bereits einen Namen gegeben: *Hurry-Sickness* nennen sie die Getriebenheit, die den Betroffenen oft nicht einmal auffällt – weil andere sich genauso abhetzen wie sie.

Die rasende Gesellschaft bremst sich aus

Wir geben es nicht gerne zu, aber wir spüren es wohl: Die Ansprüche, die wir an uns stellen und die an uns gestellt werden, zehren an uns – an unserer Leistungskraft und Lebensqualität, an unserer Gesundheit, Freundlichkeit und Genussfähigkeit. Mit unserer Sucht, Zeit zu gewinnen, bremsen wir uns selber aus.

Leistung: Das rasende Tempo führt zu Fehlern und zersetzt unsere Kreativität. Gute Ideen brauchen genau wie komplexe Projekte und durchdachte Entscheidungen Spielräume, Überschaubarkeit und Entspanntheit. Der zündende Einfall, die gelungene Formulierung, die überraschende Lösung stellen sich nur ein, wenn wir uns Zeiten der Muße gönnen. Wer pausenlos auf Hochtouren läuft, so der Kreativitätsforscher Mihaly Csikszentmihalyi, gibt seinen Gedanken keine Chance, zu reifen.

Lebensqualität: Ob Profit-Center-Leiter oder Familienmanagerin – Berufs- oder Erziehungsarbeit sind meistens ein Ganztagsjob. Das wäre verkraftbar – wenn das Wochenende und die Stunden nach 17, 18 oder

19 Uhr zum Musik hören, Spielen, Lesen, Reden, Träumen oder Eis essen blieben. Für viele Menschen aber beginnt um diese Zeit die »zweite Schicht«: die Steuererklärung will erledigt, die Matheaufgabe kontrolliert, das Heizöl bestellt, das Fitness-Programm absolviert, der Rasen gemäht, der Winterurlaub gebucht werden. Statt die Seele baumeln zu lassen, hängen wir die Wäsche auf die Leine.

Gesundheit: Im Stress zu sein gehört in unserer Hochgeschwindigkeitskultur zum guten Ton, gilt als Ausweis für Erfolg und Engagiertheit. Dass Stress nicht eben gesund ist, hat sich zwar herumgesprochen, dass Stress Gift für die Gesundheit ist, eher nicht. Die wenigsten Menschen machen sich klar: Auch der kleine Stress zwischendurch versetzt den Körper in erhöhte Erregungsbereitschaft. Selbst nichtige Ärgernisse – die morgendliche Parkplatzsuche, der ewig skeptische Kollege, der unerklärliche Programmabsturz – setzen Adrenalin frei, treiben den Blutdruck hoch, fahren das Immunsystem herunter und verstopfen die Arterien. Auf Dauer macht uns dieses Bombardement von Alarmen und Fehlalarmen krank, ernsthaft krank: Zu den stressbedingten Erkrankungen zählen unter anderem Herzinfarkt, Magengeschwür, Tinnitus, Schlaganfall, Krebs und Diabetes.

Freundlichkeit: Wer von Termin zu Termin jagt, in aller Eile die Präsentation für den Nachmittag vorbereitet, nebenbei die Attacken des Frieslings aus dem Controlling abschmettert und in der Mittagspause rasch die Einkäufe fürs Abendessen erledigt, dem stehen die anderen oft im Weg. Jeder Anruf wird zur Störung, jeder Small Talk auf dem Flur zum Zeitfresser, der Vordrängler an der Supermarktkasse zur persönlichen Bedrohung. Je höher das Tempo, je drängender die Zeit, desto schwerer fällt es uns, ruhig, freundlich und geduldig zu bleiben. Die rasende Gesellschaft hat für Höflichkeit und Rücksichtnahme keine Nerven übrig.

Genussfähigkeit: Wenn ich Zeitschriften nur noch überfliege und selbst der neue Grisham mich nicht fesselt, wenn ich allenfalls Kuschelklassik hören mag und *Isoldes Liebestod* als Tortur empfinde, wenn nicht einmal Pasta und Pralinen mich mehr glücklich machen – dann weiß ich sicher: Ich habe es mal wieder übertrieben. Mein Kopf ist so voll, mein Zeitplan so erdrückend, dass mir das Gespür für die schönen Dinge des Lebens abhanden gekommen ist.

Einfachheit als Lifestyle-Trend

Wir wagen es vielleicht nicht laut zu sagen. Aber immer mehr Menschen sind es leid, ständig unter Strom zu stehen und pausenlos auf Achse zu sein. Wir sehnen uns nach mehr Sinn und weniger Wahn, nach innerem Reichtum neben äußerem Wohlstand, nach Liebe, Muße und Langsamkeit neben Leistung, High Tech und Hektik. Überdruss am Überdruck macht sich breit.

Die Konsum-Avantgarde hat den modernen Hang zum Zurückschalten bereits erkannt. Zeitluxus, gesundes Ernährungs- und Arbeitsverhalten, Minimalismus und Lebensbalance gelten als die wichtigsten Lebensstil-Trends dieses Jahrzehnts. »Alles, was schlicht, einfach und meditativ ist«, fasst das *Krones*-Magazin zusammen, »wird zum Kultobjekt.«

Auch die Werbung greift das neue Lebensgefühl auf: »Reduce to the max« lautet der Slogan für den Smart, der Auto fahren auf seine Kernfunktion reduziert. Calvin Kleins Slogan für sein frisches, unkompliziertes Unisex-Parfum CK One schlägt eine ähnliche Tonart an: »Just be«, sei einfach du selbst. Trendbewusste Konsumenten frönen der Lust am Ursprünglichen und Echten mit lang haltbaren, ökologisch erzeugten Produkten. In der Mode sind puristische Schnitte und zurückhaltende Farben auch dann ein Dauerbrenner, wenn die Couturiers die neue Romantik ausrufen. Und spätestens seit dem BSE-Skandal hat das Bedürfnis nach echten, ehrlichen Lebensmitteln weite Kreise der Bevölkerung erfasst.

Keine Frage: Einfachheit, Langsamkeit und Balance als Ausgleich zur alltäglichen Reizüberflutung liegen im Trend. Bresse-Hühner und selbst gemachte Pasta, sparsam möblierte Räume und abgeschiedene Hotels im Bayerischen Wald oder Französischen Jura, Ayurveda-Ölmassagen und Balance-Aerobic sind der zeitgeistige Weg, dem Wesentlichen und Echten näher zu kommen. Alternativ ziehen Stilbewusste aufs Land, bauen Küchenkräuter und Tomaten an und wohnen in Korb- und Naturholzmöbeln.

Gut ist schwerer als perfekt

So schön und angenehm dieser Lebensstil sein mag, sosehr er mir persönlich gefällt: Ob er das Leben wirklich vereinfacht, ist zweifelhaft. Denn egal ob Shabby Chic oder Zen-Minimalismus, Leinen oder Kaschmir, perfekte Ordnung oder sorgsam inszenierte Landhausgemütlichkeit: Der Luxus der einfachen Dinge kostet entweder viel Zeit oder viel Geld. Er ist auf seine Art kaum weniger fordernd als die technisierte Hochgeschwindigkeitswelt, von der er sich abzusetzen sucht. Vor allem aber: Schlichte Ästhetik allein bringt uns dem Traum vom einfacheren, langsameren Leben nur äußerlich näher.

In diesem Buch geht es deshalb nicht oder jedenfalls nicht vorrangig um Einfachheit als neues Modediktat. Sondern es geht darum, sich dem Druck zu entziehen, immer mehr Leistung bringen, allen Anforderungen genügen und sämtliche Karrierechancen wahrnehmen zu müssen. Es geht darum, Zeit und einen freien Kopf zu gewinnen, für das, was im Leben wirklich zählt: Partner, Familie, Gesundheit, Gelassenheit, persönliche Interessen. Es geht darum, ein gutes Leben zu haben, statt sich in Perfektionismus und Supereffizienz zu erschöpfen.

▶ »Low-Stress-Living« heißt das Schlagwort,
nicht »Yuppie-Simplification«.

Es würde mich nicht wundern, wenn Sie jetzt denken: Das geht doch an der Realität vorbei. Das ist die Quadratur des Kreises. Das klingt zu schön, um wahr zu sein. Sie haben völlig Recht: Gut zu leben ist schwerer, als perfekt zu funktionieren.

Leben im Gleichgewicht

Denn natürlich wünschen wir uns alle mehr Genuss, mehr Gelassenheit, mehr Balance. Aber wir wollen dafür nicht auf Anerkennung, Wohlstand und berufliche Selbstverwirklichung verzichten. Wir wollen weder aussteigen noch zurück zur Natur. Wir wollen nicht absteigen zum längst abgelegten Aldi-Standard mit Nasi-Goreng aus der Dose. Und ich nehme an, auch die Vorstellung, nur so viel zu arbeiten und zu verdienen, dass es gerade mal zum Leben reicht, behagt Ihnen so wenig wie mir. Dafür macht Erfolg bei allem damit verbundenen Stress einfach zu viel Spaß.

Wir schätzen die Möglichkeiten der Multi-Options-Gesellschaft und können doch nur einen Bruchteil der gebotenen Chancen nutzen. Deshalb sind wir hin- und hergerissen: zwischen einem Job, in dem wir gut sind, und einer Familie, die uns braucht. Zwischen Freunden, die wir mögen, und Büchern, die wir gern lesen würden. Zwischen dem schnellen aktiven Rhythmus unseres Alltags und der Sehnsucht nach Ruhe und Stille. Wir wollen das eine haben und auf das andere nicht verzichten. Ohne Spagat und schlechtes Gewissen, bitte.

▶ **We want to have the cake and eat it too.**

Hier setzt dieses Buch an. Es unterstützt Sie dabei, einen Lebensstil zu entwickeln, der Leistung und Lebensqualität, Wohlstand und Wohlbefinden, Erfolg und persönliche Entfaltung miteinander versöhnt. Es hilft Ihnen zu leben, wie Sie leben wollen.

▶ **»Gut ist besser als perfekt« steht für die Lebensphilosophie, vieles gut statt weniges perfekt zu machen.**

Das Rezept leuchtet ein. Es eröffnet eine neue Sichtweise auf ein altes Problem. Spontan erkennen wir, wie wir Raum und Zeit schaffen können für das, was wirklich wichtig ist.

Allerdings: Einsicht allein greift zu kurz. Gut zu leben statt perfekt setzt voraus, dass Sie bereit sind, von Idealvorstellungen und allzu hohen Ansprüchen Abschied zu nehmen. Diese Medizin zu schlucken fällt nicht leicht. Übrigens auch mir nicht.

Wir haben die Wahl

»Gut, aber wie immer im Stress«, lautete jahrelang meine Standard-Antwort auf die Standard-Frage »Wie geht's?«. Bis irgendwann mein Schwager konterte: »Zeit hat man nicht, die nimmt man sich.« Ich habe mich über diese Bemerkung damals ziemlich geärgert, denn ich stand wirklich seit Monaten enorm unter Druck. Aber dann brachte sie mich zum Nachdenken. Es stimmte ja: *Ich* hatte mich dafür entschieden, drei Aufträge zugleich zu übernehmen. *Ich* hatte mir einen viel zu knappen Abgabetermin aufdrängen lassen. *Ich* hatte mir zu viel zugemutet. Weil ich weder einen wichtigen Auftraggeber verlieren noch auf ein spannendes Projekt verzichten wollte. Mein chronischer Zeitmangel war tatsächlich nicht fremdbestimmt: *Ich* traf die beruflichen Entscheidungen, die wenig Spielräume für anderes ließen.

Damals wurde mir klar: Wer immer nur auf die äußeren Zwänge verweist, macht es sich zu einfach. Natürlich müssen wir von etwas leben. Natürlich können wir Verantwortung nicht einfach von uns weisen. Natürlich wäre es schön, wenn der Staat uns mit Ganztagsschulen unterstützen würde, die Firma mit flexibleren Arbeitszeiten, der Partner, die Partnerin mit mehr Verständnis. Trotzdem: Wie wir leben, hat zuallererst mit unseren Erwartungen zu tun, unseren Ambitionen, den Prioritäten, die wir setzen – mit Einstellungen und Wahrnehmungen also, die wir verändern können.

▶ **Wie wir leben, hängt davon ab, wie wir uns das Leben einrichten.**

Ein harmonischer Lebensstil ist in erster Linie das Ergebnis einer individuell geleisteten Anstrengung.

Der Weg durch den Dschungel des Möglichen

»Ob wir ein einfaches oder ein kompliziertes Leben führen«, sagt Marcia L. Connor, die Herausgeberin des Internet-Magazins *LineZine*, »hängt von vielen kleinen Entscheidungen ab. Wir können uns dafür entscheiden, diese Zeitung und jene Zeitschrift zu abonnieren, das große Haus zu behalten und eine Freundschaft weiter zu pflegen. Wir können uns aber auch entscheiden, das nicht zu tun.«

Wer gut leben will, muss auswählen, muss abwägen, was ihm gut tut. Muss seinen eigenen Weg durch den Dschungel des Möglichen schlagen. Muss akzeptieren, dass jedes Ja mit vielen Neins erkauft ist. Und dass gute Entscheidungen selten perfekt sein können: Leistung und Lebensqualität, Wohlstand und Wohlbefinden, Erfolg und Entfaltung gehen zwar zusammen – aber nur, wenn sie im Zusammenhang betrachtet werden.

Dabei sind es oft kleine Veränderungen, die zusammen Großes bewirken. Vorausgesetzt, es sind die richtigen. Die Kunst des einfacheren Lebens lässt sich nämlich nicht schematisieren.

▶ **Den passenden Weg muss jeder für sich selber finden.**

Anregungen und Arbeitsmaterialien dafür finden Sie in diesem Buch in Hülle und Fülle, umsetzen müssen Sie die Tipps selbst. Es liegt deshalb an Ihnen, was Sie aus *Gut ist besser als perfekt* machen:

Sie können die Anregungen einfach lesen, zustimmend nicken, sich ein paar Erfolgserlebnisse abholen (weil Sie einiges schon wissen), den einen oder anderen Vorschlag ausprobieren und das Buch dann ins Regal stellen, zu den anderen Ratgebern und Karrierebüchern. Das ist der bequeme Weg.

Oder Sie können parallel zum Lesen die Übungen zum Bilanzziehen bearbeiten und die Vereinfachungsvorschläge notieren, die Sie in Ihr Leben integrieren möchten. Auf diese Weise entwickeln Sie Schritt für Schritt Ihre persönliche »Gut-ist-besser-als-perfekt«-Strategie. Das ist der gute Weg.

Oder Sie lesen das Buch erst ganz durch und bearbeiten in einem zweiten Durchgang die Arbeitsmaterialien. Wenn Sie dann mit Ihrem »Gut-ist-besser-als-perfekt«-Konzept die ersten Erfolge erzielt haben, kommen Sie wieder auf das Buch zurück. Sie werden feststellen: Beim wiederholten Lesen erschließen sich Ihnen immer wieder neue Erkenntnisse. Das wäre der perfekte Weg.

Gut ist besser als perfekt

Gut ist besser als perfekt ist nicht nur irgendein Buchtitel. »Gut ist besser als perfekt« ist ein Leitsatz mit suggestiver Wirkung. Für mich persönlich ist er zu einem Maßstab geworden, der mich immer öfter intuitiv das für mich Richtige erkennen lässt.

Im Kern ist »Gut ist besser als perfekt« die Kunst des Weniger-Tuns. »Se débrouiller« sagen die Franzosen dazu, »Nice and easy does it« singt Frank Sinatra, »Schaun mer mal, dann sehn mer's schon« heißt es hier in Bayern. Lassen Sie sich von der Gelassenheit dieser Haltung schon beim Lesen und Durcharbeiten dieses Buches anstecken: Betrachten Sie die Fülle des Möglichen als Angebot. Probieren Sie, was Sie für sich nutzen können ... und machen Sie etwas Gutes daraus. Ich wünsche Ihnen viel Erfolg!

GUT ZU KENNEN
Entlarven Sie innere Antreiber

Bestimmt haben Sie gute Gründe, warum Zeit und Ruhe für Sie zu Luxusgütern geworden sind: Die Umstrukturierung in der Firma. Das große Haus. Der pflegeintensive Garten. Die Parkplatzsuche am Morgen. Der Stau am Abend. Das Baby. Die Lockungen des Internet. Die Einführung der neuen Modellgeneration. Die Lust, schön zu kochen. Die Messe, die Tagung, der Fachvortrag. Der soeben erschienene Roman von Günter Grass. Die gesellschaftlichen Verpflichtungen. Der Neuschnee. Der Opernabend. Der Kindergeburtstag. Der Yogakurs.

Die Liste ließe sich beliebig verlängern. Wir sind von mehr Verpflichtungen, Verantwortungen, Verlockungen umgeben, als wir in 24 Stunden bewältigen können. Allerdings nur, wenn wir uns davon überwältigen lassen.

Unser Stress ist nämlich hausgemacht. Wir laden unseren Teller einfach zu voll. Wir wählen zu wenig aus. Wir können nicht genug kriegen. Wir haben Angst, etwas zu versäumen, zu verlieren, zu verpatzen. »Aller Stress«, warnt der Philosoph Wilhelm Schmid, »resultiert aus dem Versuch, in einen Augenblick mehr zu packen, als der Augenblick verträgt.«

Das heißt: Nicht die Situation, nicht das Schicksal sind für unseren Stress verantwortlich, wir selbst setzen uns unter Druck mit unserem Streben nach perfekter Leistung. Unserem Bedürfnis nach hundertprozentiger Anerkennung. Unserem Traum vom perfekten Leben. Unserer Suche nach dem ultimativen Kick. Wer sich davon frei machen möchte, muss als Erstes seine persönlichen Antreiber erkennen.

Das Streben nach perfekter Leistung

Jörg, ein 33-jähriger Mathematiker, ist Hochschulassistent an einer bayerischen Universität. Zusätzlich zu seinen Lehrverpflichtungen und Forschungsarbeiten unterstützt er den Lehrstuhlinhaber bei der Einwerbung von Drittmitteln. Während seine Kollegen an der Erweiterung ihrer Publikationslisten arbeiten, brütet Jörg über Förderrichtlinien, stellt Kostenpläne auf, studiert Auszahlungs- und Abrufverfahren, erarbeitet detailliert ausgefeilte Förderanträge. Jörgs freiwilliger Einsatz macht sich für das Institut bezahlt: Allein im letzten Jahr hat Jörg dem Lehrstuhl eine Fördersumme von über 200.000 Euro gesichert. Am Institut gilt er als *der* Experte für Förderanträge – akribisch, penibel, fehlerfrei.

Andererseits: Von allen wissenschaftlichen Mitarbeitern am Lehrstuhl war Jörg der Einzige, der im letzten Jahr keinen Vortrag bei einer internationalen Tagung untergebracht hat. Frustriert erlebt er, wie seine Kollegen sich gern aus den gut gefüllten Fördertöpfen bedienen, sich aber selbst kaum um Drittmittel bemühen: »Sorry, Bürokratie war noch nie mein Ding.« Jörgs Klagen darüber stoßen auf wenig Verständnis. »Du willst es doch nicht anders«, findet sogar seine Lebenspartnerin. »Mach halt nicht aus jedem Antrag ein Jahrhundertwerk.«

Leistungsperfektionisten: Im Konflikt zwischen Belastung und Belastbarkeit

Leistungsperfektionisten haben es schwer. Wer sich keine Fehler zugesteht und immer ein perfektes Ergebnis erzielen will, für den erweisen sich Dauerinnovation, Informationsflut und technische Möglichkeiten eher als Fluch denn als Segen: Das Wissen von heute ist morgen schon veraltet. Vielfältige und widersprüchliche Informationen machen es schwer, sich eine gesicherte Meinung zu bilden. Word, Powerpoint und Excel – um nur einige Beispiele zu nennen – laden geradezu ein, hier noch eine Überschrift zu verändern, da noch ein Detail zu ergänzen. Kleine Tüfteleien, minimale Verbesserungen, die letzte rasche Durchsicht der Unterlagen verschlingen über Gebühr viel Zeit – Zeit, die für Wesentliches fehlt.

Aber Leistungsperfektionisten machen nun mal keine halben Sachen. »Ohne Fleiß kein Preis«, davon sind sie überzeugt. Harte Arbeit, gewissenhafte Recherchen, penible Ordnung, sorgfältiges Abwägen geben ihnen das gute Gefühl, alles Erdenkliche getan und nichts unversucht gelassen zu haben. Das sorgt für ein gutes Gewissen – auch im Fall eines Scheiterns.

▶ **Work smart, not hard – denken statt schuften wäre eine gute Alternative.**

Dazu müssten die oft eigenbrötlerischen Leistungsperfektionisten allerdings lernen, Wichtiges von Unwichtigem zu trennen, nicht jede Einzelheit mit der gleichen Sorgfalt zu bearbeiten, lieber heute eine gute Lösung als übermorgen ein perfektes Ergebnis zu präsentieren.

Das Bedürfnis nach Anerkennung auf der ganzen Linie

Annette ist Grafikdesignerin. Nach der Geburt der beiden Kinder Jan und Sophie hat sie ihren Job bei einer Kreativagentur fürs Erste an den Nagel gehängt. Doch sobald auch Sophie im nächsten Herbst in den Kindergarten kommt, will sie wieder stundenweise für die Agentur arbeiten.

Allerdings fragt Annette sich immer öfter, wie sie die Zeit dafür finden soll. Fast jeden Nachmittag ist sie damit beschäftigt, eines oder beide Kinder zum Flötenunterricht, zum Kindergeburtstag, zur Jazzgymnastik oder zur musikalischen Früherziehung zu chauffieren. Aber zumindest vormittags, hatte Annette sich ausgerechnet, würde sie in Ruhe zwei, drei Stunden am Zeichentisch sitzen können.

Wäre da nicht die Kindergärtnerin mit ihren ständigen Anforderungen an engagierte Elternarbeit. Mal werden ein paar Mütter gesucht, die die »Großen« ins Museum begleiten, mal ist Mithilfe bei den Vorbereitungen zum Sommerfest gefragt, mal werden die Eltern gebeten, Weihnachtsschmuck für den Adventsbasar zu basteln. Obwohl Annette diesen Aktivitäten wenig Interesse entgegenbringt, sieht sie sich genötigt mitzumachen. Sie will nicht als Rabenmutter gelten – der Kinder zuliebe. Deswegen hat sie sich nun auch breitschlagen lassen, morgens und mittags den Lotsendienst am Zebrastreifen zu übernehmen. »Sie bringen und holen Jan doch ohnehin«, drängte die Erzieherin.

Dem wusste Annette nichts entgegenzusetzen. »Was hätte ich denn machen sollen?«, verteidigt sie sich, als ihr Mann anmerkt, sie müsse eben Prioritäten setzen. »Einer muss es ja tun.«

Beziehungsperfektionisten: Im Konflikt zwischen dem Selbst und den anderen

Beziehungsperfektionisten wie Annette stellen die Ansprüche anderer über ihre eigenen. Sie stellen sie notfalls sogar über ihre Gesundheit, ihre Selbstachtung, ihre beruflichen Pläne. Sie lassen sich ausnutzen, weil sie sich gern als fürsorgliche Mutter, verständnisvolle Partnerin, engagierte Mitarbeiterin, einfallsreiche Problemlöserin sehen. Zu diesem Image passt es schlecht, eine Bitte oder Forderung abzuschlagen. Beziehungsperfektionisten sind getrieben von den Gedanken: »Das gehört sich so.« – »Ich finde es schön, gebraucht zu werden.« – »Das tue ich doch gern.«

▶ Die Rettung für die Retter der Welt: nein sagen lernen.

»Nein, das möchte ich nicht.« – »Nein, das passt nicht in meine Pläne.« – »Nein, heute nicht. Ein anderes Mal gern.« Die Umwelt mag so viel ungewohnten Eigensinn zunächst unbequem finden. Aber Tatsache ist: Man verspielt nicht gleich Liebe, Beifall und Karrierechancen, nur weil man auch mal an sich selber denkt.

Der Traum vom perfekten Leben

Gesa, verheiratet, eine zehnjährige Tochter, Chefeinkäuferin für ein Hamburger Modehaus. Sie hat geschafft, wovon andere träumen: Erfolg im Job, eine Familie, die sie unterstützt, die stilsicher eingerichtete Altbauwohnung, der große Freundeskreis. Scheinbar mühelos jongliert Gesa Vierzig-Stunden-Woche und Kindererziehung, Partnerschaft und kulturelle Interessen, Status und soziales Gewissen. Ihr Terminkalender ist ausgefüllt, ihre Abende sind verplant, ihre Wochenendrituale vom genussvollen Marktbummel bis zum ausgedehnten Sonntagsfrühstück mit Mann und Tochter sorgsam ausbalanciert. Perfekt im Job, perfekt in der Liebe, perfekt im Trend lebt Gesa ein Leben wie im Hochglanz-magazin.

Nur sie selbst merkt, dass ihr Lebensstil ihr neuerdings immer weniger Freude macht. Dass sie sich ausgebrannt fühlt und manchmal ihre Schwä-gerin beneidet, die kleine Gewichtszunahmen gelassen hinnimmt, Gäste ohne große Umstände zu einem Glas Wein einlädt und den Eskapaden ihrer Ältesten keine große Bedeutung beimisst: »Das gibt sich wieder. Wir waren doch mit vierzehn genauso.«

Lifestyle-Perfektionisten: Im Konflikt zwischen Schein und Sein

Werbung und Medien führen uns einen Lebensstil vor, der verführerisch ist – und anstrengend. Es genügt ja längst nicht mehr, die weißeste Wäsche zu waschen oder das schnellste Auto zu fahren. Wer sich heute als erfolg-reich auf der ganzen Linie fühlen möchte, muss schon mehr bieten, muss fit sein im Meeting, am Cross-Trainer, im Bett und am Ceranfeld. Muss mitreden können über die Lesung im Literaturhaus, die Entwicklung am Aktienmarkt, die Bombenattentate im Nahen Osten. Beruflicher Erfolg versteht sich von selbst; allerdings sollte er sich – zumindest nach außen hin – möglichst ohne Kampf und Karrierismus einstellen, als eine Art Nebenprodukt von Sinnsuche und kreativer Herausforderung.

Was so Neid erregend mühelos wirkt, ist in Wahrheit das Ergebnis harter Arbeit. Deshalb kommt den meisten Lifestyle-Perfektionisten trotz aller zur Schau getragenen Lässigkeit irgendwann die innere Harmonie abhan-den. Getrieben von einem überehrgeizigen Selbstbild und unrealistischen Erwartungen leisten sie viel und wollen noch mehr – bis der eigene An-spruch sie zerreißt.

▶ Der Einstieg in den Ausstieg:
   Simplicity. Downspeeding. Downshifting.

Wenn Sie sich als Lifestyle-Perfektionist erkannt haben, sind Ihnen die zeitgeistigen Schlagwörter vermutlich ein Begriff. Und wahrscheinlich spielen Sie ohnehin schon mit dem Gedanken, in Zukunft einfacher, lang-samer und vielleicht sogar genügsamer zu leben. Denn Maß, Balance und

Askese liegen im Trend. Die Ereignisse des 11. Septembers 2001 verstärken diese Entwicklung. Trendforschern zufolge wird die bewusste Reduzierung des materiellen Lebensstandards zugunsten von mehr Lebensqualität zumindest im obersten Drittel der Einkommenspyramide über kurz oder lang wie selbstverständlich zum Traum vom perfekten Leben gehören.

Die Sucht nach dem ultimativen Kick

Paul, 38, Wirtschaftsinformatiker, ist der Mitarbeiter, von dem Personalchefs träumen: kreativ, flexibel, mobil, dynamisch, risikofreudig, belastbar. Sein Job macht ihm mehr Spaß als (fast) alles andere auf der Welt.

Jedenfalls solange der Dienstwagen neu, die Herausforderung kolossal, das Gelingen ungewiss ist. Dann ist Paul in seinem Element: Er sprüht vor Ideen, fasziniert Vorgesetzte, verunsichert Kollegen, erfüllt den Laden mit neuem Schwung. Allerdings: Nach einem Jahr, spätestens nach zweien, pflegt Pauls Enthusiasmus zu erlahmen. Sobald die schwarzen Zahlen erreicht sind, die Abteilung produktiv arbeitet, das Projekt wie von alleine läuft, wird die Arbeit für Paul zur Routine. Der Nervenkitzel ist vorbei, Langeweile schleicht sich ein. Der Anruf eines Headhunters genügt, und Paul ist auf dem Sprung: zum nächsten Job, in die nächste Stadt, hinein ins nächste Wagnis. »Live fast, die young«, heißt seine Devise.

Getrieben von Freiheit und Abenteuer fällt es Paul nicht weiter schwer, Brücken hinter sich abzureißen. Aber er weiß wohl, dass seine Freundin die biologische Uhr beschwörend ticken hört und sich endlich wünscht, was Gleichaltrige längst haben: heiraten, Kinder kriegen, ein Haus bauen, Wurzeln schlagen.

Erlebnisperfektionisten: Im Konflikt zwischen Sensation und Stabilität

Die Evolution hat in unserem Nervensystem zwei widersprüchliche Impulse angelegt: die Lust an Ruhe und Entspannung und die beflügelnde Freude an immer neuen Erlebnissen und Erkenntnissen. Während das eine emotionale Programm dafür sorgt, dass wir unsere Kräfte schonen und Bewährtes bewahren, spornt uns das andere an, dass wir uns fortentwickeln und über uns hinauswachsen. Diese genetischen Anweisungen sind in jedem Menschen vorhanden. Sie müssen aber nicht gleich stark ausgeprägt sein.

Bei Erlebnisperfektionisten wie Paul liegt die Toleranzschwelle für Langeweile ungewöhnlich niedrig. Sie brauchen deshalb mehr Thrill als andere, um sich lebendig und erfolgreich zu fühlen. Überwiegt im Beruf, in der Liebe, im Alltag die Routine die Herausforderung, verlieren sie schnell die Lust, sich auf einen Menschen, ein Projekt zu konzentrieren.

Ein neuer Reiz muss her – natürlich einer, der das bisher Dagewesene »toppt«: ein größeres Liebesglück, ein noch besser bezahlter Job, womöglich ein Baby, wenn andere Glücksmöglichkeiten ausgeschöpft sind. Das Hochgefühl ist intensiv, aber kurz: Die romantischste Beziehung, die chromblitzendste Espressomaschine nutzen sich über kurz oder lang ab. Der Adrenalin-Junkie giert nach dem nächsten Schuss.

▶ **Ein Weg aus der Sucht: Erklären Sie Ausdauer
zu Ihrem neuen Abenteuer.**

Sie haben bisher kurz, aber intensiv geliebt und gearbeitet? Dann ist es an der Zeit, dass Sie sich einer neuen Herausforderung stellen: Beweisen Sie sich zur Abwechslung einmal im Langstreckenlauf statt auf der Sprintstrecke. Holen Sie aus Ihrem Job, Ihrer Partnerschaft heraus, was darin steckt. Sonst laufen Sie nämlich Gefahr, sich zu verschleißen und im oberflächlichen Erleben stecken zu bleiben.

Kommen Sie Ihrem inneren Antreiber auf die Spur

Glücklicherweise sind wir unseren inneren Antreibern nicht hilflos ausgeliefert. Wir müssen sie nur kennen und wahrnehmen. Dann können wir je nach Situation entscheiden, ob wir ihnen folgen oder uns lieber die Freiheit nehmen, mal fünf gerade sein zu lassen und uns mehr Ruhe zu gönnen.

Die Fragen

Was Sie am stärksten antreibt, erfahren Sie, wenn Sie die folgenden Fragen beantworten.

1. Welche positive Eigenschaft ist für Sie besonders charakteristisch?
   - ■ zuverlässig
   - ● hilfsbereit
   - ◆ kultiviert
   - ▲ mutig

2. Und welche negative Eigenschaft ist für Sie besonders typisch?
   - ● beeinflussbar
   - ▲ abenteuerlustig
   - ◆ anspruchsvoll
   - ■ übergenau

3. Welcher Spruch könnte von Ihnen stammen?
   - ■ »Erst die Arbeit, dann das Vergnügen.«
   - ● »Es ist schön, gebraucht zu werden.«
   - ▲ »No risk, no fun.«
   - ◆ »Alles ist möglich, man muss es nur wollen.«

4. Bei der Urlaubsplanung ...
   - ● ... achten Sie darauf, dass jedes Familienmitglied auf seine Kosten kommt.

25

- ■ ... wälzen Sie Kataloge, vergleichen Angebote und nutzen Rabatte für Frühbucher.
- ◆ ... ist Ihnen ein schönes Ambiente besonders wichtig.
- ▲ ... Urlaubsplanung? Ist für Sie ein Fremdwort. Irgendwas ergibt sich immer.

5. In Ihrem Job gelten Sie als ...
- ◆ fair, kreativ, Generalist/in.
- ■ analytisch, kompetent, Spezialist/in.
- ● sympathisch, teamorientiert, Integrator/in.
- ▲ flexibel, optimistisch, Innovator/in.

6. Einen Abend allein zu Hause verbringen Sie am liebsten ...
- ▲ im Internet.
- ■ mit Fachliteratur.
- ◆ mit einem guten Buch.
- ● am Telefon.

7. Glauben Sie, Sie sind beliebt?
- ● Ich bemühe mich jedenfalls darum.
- ▲ Warum nicht?
- ◆ Sicher nicht bei allen. Aber die Menschen, auf die es ankommt, schätzen mich.
- ■ Ich bin eher ein Einzelgänger.

8. Ihr Lebenslauf ...
- ■ ist geradlinig und zielorientiert.
- ▲ weist Ecken und Kanten auf.
- ◆ hebt sich durch interessante Praktika und Auslandsaufenthalte von der Masse ab.
- ● überzeugt vor allem im Bereich der Soft Skills.

9. Sie müssen morgen früh überraschend eine wichtige Präsentation halten. Wie kompensieren Sie die kurze Vorbereitungszeit?
- ◆ Sie improvisieren, bereiten drei, vier überzeugende Folien vor und lassen den Zuhörern Croissants servieren.

▲ Gar nicht. Unter Druck laufen Sie zu Höchstform auf.

● Sie bitten einen Kollegen, Sie bei der Vorbereitung zu unterstützen. Selbstverständlich würden Sie umgekehrt für ihn das Gleiche tun.

■ Sie bitten Ihren Partner/Ihre Partnerin, ohne Sie ins Theater zu gehen, und arbeiten die Unterlagen noch mal von A bis Z durch.

10. Sie bekommen ein lukratives Jobangebot in einer anderen Stadt. Wie vermitteln Sie das Ihrer Familie?

● Einen Umzug kann ich meiner Familie nicht zumuten. Ich lehne das Angebot ab.

■ Ich informiere mich über die neue Umgebung, empfehlenswerte Makler, in Frage kommende Schulen und sage meiner Familie klar, was Sache ist.

▲ Meine Familie weiß, dass ich mir eine so einmalige Chance nicht entgehen lasse.

◆ Lebensqualität ist für uns das oberste Ziel – wir setzen uns zusammen und wägen die Vor- und Nachteile aller Optionen ab.

Zählen Sie, welches Symbol Sie am häufigsten gewählt haben.

Die Auswertung

■ **Sie gehören zu den Leistungsperfektionisten.**

Hier liegt Ihr Vorteil: Ihnen macht so leicht niemand etwas vor. Organisiert, engagiert und bestens informiert erledigen Sie Ihre Aufgaben stets perfekt und untadelig. Das zahlt sich aus: Ihr Rat ist durchdacht, die Qualität Ihrer Arbeit legendär, Ihr Stromlieferant preislich unschlagbar, Ihr Geld garantiert gewinnbringend angelegt. Weil Sie in Ihrem Tun persönlich aufgehen, beziehen Sie daraus oft mehr Erfüllung als aus den Lockungen der Freizeitgesellschaft.

27

Daran können Sie arbeiten: Mit Ihrer Supergenauigkeit fällt es Ihnen schwer, zu improvisieren und Probleme schnell zu lösen. Statt nach dem Unerreichbaren zu streben, sollten Sie trainieren, unterschiedliche Anforderungen unterschiedlich perfekt zu erledigen. In unserem komplexen Alltag zählt der Mut zur Lücke oft mehr als Fehlerfreiheit. Fragen Sie sich vor jeder Kraftanstrengung: Lohnt sich der Aufwand?

● **Sie gehören zu den Beziehungsperfektionisten.**

Hier liegt Ihr Vorteil: Sie drängen sich nicht in den Vordergrund. Aber wenn man Sie braucht, sind Sie da: Hilfsbereit, kontaktfreudig, verständnisvoll schätzt man Sie als Fels in der Brandung, Stütze der Abteilung, verlässlicher Helfer bei Umzug und Steuererklärung, Anlaufstelle aller Mühseligen und Beladenen. Sie sind zuverlässig, einfühlsam und fest in ein soziales Geflecht aus Bindungen und Verbindungen eingefügt.

Daran können Sie arbeiten: Anerkannt und beliebt zu sein bedeutet Ihnen viel. Deshalb wollen Sie es allen recht machen – auch wenn Sie sich dabei manchmal ausgenutzt und überfordert fühlen. Diesen Widerspruch müssen Sie lösen. Trainieren Sie die Kraft, Ihre Interessen zu vertreten, Grenzen zu ziehen und auch mal gegen den Strom zu schwimmen. Fragen Sie sich vor jeder guten Tat: »Was will *ich*?

◆ **Sie gehören zu den Lifestyle-Perfektionisten.**

Hier liegt Ihr Vorteil: Im Grunde *ist* Ihr Leben in der Balance: Trendbewusst und souverän verbinden Sie Erfolg und Entfaltung, Kinder und Karriere, Konsum und Kultur, Lebenslust und Lebensstil. Sie sind mit sich im Reinen und wissen, dass man niemandem die Verantwortung für das eigene Leben übertragen kann.

Daran können Sie arbeiten: Ihre Lebensbereiche sind zwar ausbalanciert, insgesamt aber verlangen Sie sich mehr ab, als in einen 24-Stunden-Tag passt. Diese Vielfalt kann zu einer gewissen Oberflächlichkeit führen, kann bewirken, dass tiefe Gefühle auf der Strecke bleiben, dass der Schein das Sein bestimmt. Fragen Sie sich ehrlich, ob Sie mit dem Status quo zufrieden sind oder ob Sie einem von den Medien vermittelten Lifestyle hinterherhecheln. Vielleicht leben Sie besser, wenn Sie einige Ihrer Lebenswünsche auf später vertagen, statt alles gleichzeitig und im Zeitraffer zu erledigen. Fragen Sie sich vor jedem neuen Projekt: Ist das sinnvoll? Oder nur stilvoll?

▲ **Sie gehören zu den Erlebnisperfektionisten.**

Hier liegt Ihr Vorteil: Sie verkörpern den Prototypen des modernen Machers – mutig, optimistisch, risikobereit. Vokabeln wie Routine, Sicherheit und Maß sagen Ihnen nichts. Dafür weist Ihre Biografie einige interessante Zacken auf: Jobwechsel, Umzüge, Auslandsaufenthalte, leidenschaftliche Affären. Der Job ist für Sie Herausforderung und Abenteuer, privat brauchen Sie den Kick, um sich lebendig zu fühlen.

Daran können Sie arbeiten: Ihre Begeisterung erlahmt so schnell, wie sie entsteht. Wiederholung und Stillstand machen Sie ungeduldig. Sie neigen dann dazu, sich reflexartig dem nächsten Job, einer neuen Beziehung zuzuwenden. Dadurch werden Sie abhängig von immer maßloseren Erlebnissteigerungen. Vor allem aber: Sie versäumen es, Ihr Leben auf ein tragfähiges Fundament zu stellen. Der Ausweg: Gestalten Sie Ihr Berufs- und Familienleben so bunt und leidenschaftlich, dass möglichst keine Langeweile aufkommt. Und erfüllen Sie sich die Lust am Thrill in der Freizeit und beim Sport. Fragen Sie sich vor jeder Lebensentscheidung: Was bringt mir das: ein gutes Leben oder den perfekten Kick?

GUT AUSTARIERT?
Analysieren Sie Ihr Leben

Nichts ist unmöglich, singen die Toyota-Paviane und sie haben Recht. Das Repertoire der Chancen und Möglichkeiten ist größer denn je. Familie oder Single, Landleben oder Großstadtdschungel, Chirurgin oder Chordirektor, Beruf oder Baby, Karriere oder lieber mehr Freizeit – theoretisch steht uns alles offen.

Jedenfalls sofern wir ein paar grundlegende Spielregeln beachten: Wer zwanzig ist, tut bei aller individuellen Gestaltungsfreiheit gut daran, sich fit fürs Global Village und schön für die Disco zu machen. Mit dreißig, spätestens fünfunddreißig wird es höchste Zeit, an Karriere, Partner, Haus und Kind zu denken. Mit vierzig stehen wir, so das ungeschriebene Gesetz, nachfolgenden Hoffnungsträgern gern zur Seite, aber keinesfalls im Weg. Und mit fünfzig sieht man uns unser Alter möglichst nicht an.

Die Chancen sind verführerisch, die Latte ist hoch gelegt. Nur: Wer unreflektiert dem vermeintlich perfekten Leben hinterherrennt, lebt für gewöhnlich nicht besonders gut. Weil er entweder in der Zwickmühle sitzt, hin- und hergerissen zwischen all den lockenden Alternativen, oder in der Tretmühle rödelt, überbucht bis zum Umfallen. Beides bedeutet Stress, beides zehrt an der Substanz, beides deutet darauf hin, dass es an der Zeit ist, die eigenen Lebensvorstellungen auf den Prüfstand zu stellen. Anregungen und Instrumente dafür finden Sie in diesem Kapitel.

Raus aus dem Trott

Hamster im Laufrad haben keine Ziele. Und erst recht keinen Überblick. Menschen im Alltagstrott geht es ähnlich: Zum Innehalten bleibt keine Zeit, zur Besinnung fehlen Ruhe und Kraft. Einkehr und klare Ziele aber sind notwendig, um die Weichen neu zu stellen. Man bringt sein Leben nicht mal eben so in zehn Minuten ins Gleichgewicht.

Gehen Sie deshalb als zentrale Handlung in Klausur – allein, ohne Gesprächspartner. Experten wie der Zeitmanagement-Experte Lothar J. Seiwert empfehlen, sich dafür eine Woche, mindestens aber ein Wochenende lang an einen ruhigen Ort zurückzuziehen: zum Beispiel in ein stilles Hotel auf dem Land, in das leer stehende Haus der verreisten Freundin, vielleicht sogar zu einer Schweigewoche ins Kloster.

Der Rat leuchtet ein. Meditation, lange Bergwanderungen oder einsame Spaziergänge sind sicherlich der ideale Weg, Bilanz zu ziehen, Ziele zu überdenken und eine neue Kultur des Zu-sich-Kommens einzuleiten. Aber ganz ehrlich: Mir persönlich wäre der Aufwand zu groß. Ich würde mir einreden, dafür, wie für vieles andere auch, keine Zeit zu haben. Außerdem wollen wir ja gerade weg vom Perfektionstrip, wollen uns das Leben leichter und nicht noch schwerer machen.

Deshalb schlage ich Ihnen als gut machbare Alternative eine Auszeit light vor: Planen Sie einen ruhigen Nachmittag oder Abend ohne Telefon, Kinder und Fernseher ein. Außer Ungestörtheit brauchen Sie dafür nichts als einen angenehmen, aufgeräumten Raum, Stifte und ein großes Notizbuch – und wenn Sie mögen, ruhige Musik, Duftkerzen und eine Kanne Tee. Eben eine Atmosphäre, in der Sie sich wohl fühlen und in der weder unerledigte Überweisungen noch der längst fällige Frühjahrsputz Sie davon abhalten, in aller Ruhe über Ihr Leben nachzudenken: Was wollen Sie wirklich? Was ist Ihnen wichtig? Was verstehen Sie persönlich unter Glück und Erfolg?

Erkunden Sie Ihre Ziele und Werte

Wann haben Sie sich eigentlich zum letzten Mal gefragt, was im Leben für Sie zählt? Was Sie erfüllt, begeistert, weiterbringt? Was Ihnen Kraft gibt und woraus Sie Ihr Selbstverständnis beziehen? Was Ihnen am meisten Spaß macht? Wie Sie den morgigen Tag und das nächste Jahr gestalten würden, wenn Ihnen die Welt offen und eine Haushaltshilfe zur Verfügung stünden?

Verwenden Sie die folgende Checkliste als Anregung, sich Ihre Ziele und Werte bewusst zu machen. Kreuzen Sie die fünf Lebensbereiche/Lebensziele an, die für Sie jetzt, heute zu einem gelungenen Leben gehören.

- Abenteuer, Risiko
- Ansehen, Prestige
- Beruflich erfolgreich sein
- Berufliche Erfüllung finden
- Bücher, Lesen, Literatur
- Feste und Geselligkeit
- Familie
- Finanzielle Unabhängigkeit
- Freizeit
- Freunde
- Geld, Wohlstand
- Gesund sein, sich wohl fühlen
- Glaube, bewusst leben
- Gut aussehen
- Haus / Garten
- Haushalt
- Karriere
- Kinder
- Kreativ sein (Malen, Schreiben, Singen …)
- Kultur (Theater, Kino, Konzert, …)
- Liebe/Romantik
- Medien (TV, PC, Internet, …)
- Mobilität
- Musik
- Natur erleben
- Partnerschaft
- Politisches Engagement
- Reisen
- Schön wohnen
- Sexualität
- Soziales Engagement
- Sport
- Studium, Weiterbildung
- Trödeln, ausruhen, herumhängen
- Umwelt
- Zeit für die Familie
- Zeit für mich
- Zeit mit dem Partner
- Zeit mit den Kindern

Stellen Sie Ihre Überlegungen völlig unabhängig davon an, ob Sie Ihre Wunschziele realistisch mit Ihrer jetzigen Lebenssituation vereinbaren können oder nicht.

Wichtig ist aber, dass Sie sich ehrlich Rede und Antwort stehen: Wenn das berufliche Fortkommen momentan reizvoller für Sie ist als die Kinder, das Baby wichtiger als der Partner, schön zu wohnen begehrenswerter als ein ausgeglichenes Konto und die Vorstellung, aufs Land zu ziehen, ein wiederkehrender Traum, dann sollte das auch in Ihre Lebensplanung einfließen.

Wählen Sie, wenn Sie möchten, noch einmal bis zu fünf Ziele aus, denen Sie sich in einem idealen Leben außerdem gern widmen würden – nicht in der Hauptsache, aber doch mit einer gewissen Regelmäßigkeit.

Auf die Mischung kommt es an

»Leben Sie. Wir kümmern uns um die Details«, verspricht die Hypo-Vereinsbank. Die Sorge um das Wertpapierdepot lässt sich delegieren. Anlageberater analysieren gemeinsam mit Ihnen Vermögenssituation, Anlagehorizont, Ertragserwartungen und Risikobereitschaft. Vermögensverwalter kombinieren Einzeltitel und Fondsprodukte, Länder und Währungen, Obligationen und Aktien zu einer stimmigen Anlagestrategie. Fondsmanager nehmen Aufsteiger ins Depot und werfen Absteiger raus.

Für unser Lebensdepot gibt es einen solchen Service nicht. Niemand nimmt uns die Verantwortung ab, unsere persönlichen Bedürfnisse und Lebenswünsche auszuleuchten. Niemand bringt uns bei, wie wir seelische und körperliche Bedürfnisse, Beruf und Familie, Zeit für uns und Interesse an anderen, ideelle Werte und materielle Wünsche ins Gleichgewicht bringen. Und niemand gibt uns ein Instrument an die Hand, unsere Lebensgestaltung zu analysieren.

Geldmanager verfügen über vergleichbare Instrumente für die Finanzanalyse. Eines davon ist das *Portfolio-Management*, eine Entwicklung der Beratungsgruppe Boston Consulting Group. Der Begriff »Portfolio« bedeutet schlicht »Brieftasche«. Im Bank- und Finanzbereich versteht man darunter ein Bündel von Wertpapieren. Das Portfolio-Management wurde entwickelt, um eine ausgewogene Zusammensetzung eines Anlagedepots zu erreichen und Risiken zu streuen. Nicht das einzelne Papier steht im Mittelpunkt, sondern das Zusammenspiel der verschiedenen Anlagen, der optimale Portfolio-Mix.

Lebensportfolio analysieren

Der Nutzen des Portfolio-Managements beschränkt sich aber nicht auf die Finanzverwaltung. Sie können die Analyse in leicht abgewandelter Form ebenso gut nutzen, um das Zusammenspiel der verschiedenen Aspekte Ihres Lebens zu durchleuchten.

Zu diesem Zweck listen Sie als Erstes Ihre verschiedenen *Portfolio-Elemente* auf. Je nach Lebenssituation zählen dazu Gesundheit, Beruf, Partnerschaft, Familie, Hobbys, Zeit für sich, gesellschaftliches Engagement – all die Rollen, Tätigkeiten und Verpflichtungen, mit denen Sie gleichzeitig jonglieren. Diese Portfolio-Elemente werden in die so genannte *Portfolio-Matrix* eingetragen, eine Erfolg-Aufwand-Tabelle mit den vier Feldern: *Aufsteiger/Absteiger*, *Stars*, *Selbstläufer* und *Verlierer*.

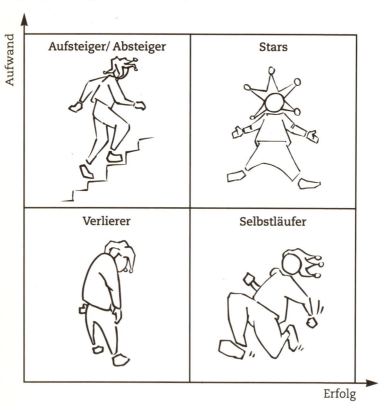

Leeres Lebensportfolio

Die Portfolio-Matrix und ihre Felder

In welches Feld der Portfolio-Matrix Sie einen Lebensbereich eintragen, hängt davon ab, wie viel zeitlichen, gedanklichen oder emotionalen Aufwand Sie in diesen Aspekt Ihres Lebens investieren und wie viel Erfolg, Lebensfreude oder Anerkennung Sie daraus beziehen.

Selbstläufer sind die Lebensbereiche, die Ihnen Kraft geben, selbst wenn Sie ihnen nicht Ihre volle Aufmerksamkeit schenken. Hier stehen zum Beispiel die gewachsene Beziehung zu Ihrem Partner oder Ihrer Partnerin, das vertraute Zuhause, die beste Freundin, die unkomplizierten Kinder, die gut eingeführte Kanzlei. Je mehr Selbstläufer sich in Ihrem Depot befinden, desto gestärkter können Sie dem Leben begegnen.

Stars sind die Schwerpunkte Ihres Lebens, die Sie in Atem halten: die neue Liebe, das innovative Forschungsprojekt, der Hausbau, das neugeborene Baby, die Chance, ein Buch zu schreiben. Richtig »gemanagt« werden Stars die Selbstläufer der Zukunft. Vorerst aber beanspruchen sie mehr Kraft, als sie zurückgeben. Stars verlangen enorm viel Energie und Aufmerksamkeit, sind dafür aber auch die momentanen »Highlights« des Lebens.

Aufsteiger/Absteiger sind Lebensbereiche, die momentan an den Nerven zerren: die ungewisse Position in der Firma nach der Fusionierung, das anstrengende Aufbaustudium, die Ehe in der Midlife-Crisis, die pubertierende Tochter, die Diät, die Verzicht und Durchhaltevermögen erfordert. Aufsteiger/Absteiger benötigen viel Energie – bei ungewissem Ausgang.

Sie können sich in Zukunft entweder zu leuchtenden Sternen oder zu Verlierern entwickeln.

Verlierer sind belastende oder vernachlässigte Lebensbereiche: die unglückliche Beziehung, der ungeliebte Job, der abgerissene Gesprächsfaden zu den Kindern, die mobbenden Kollegen. Banker machen mit Vermögenswerten, die sie als Verlierer einstufen, kurzen Prozess: »Deinvestieren«, lautet ihr Rat. Übertragen auf das Privatleben hieße das: Kündigung. Trennung. Scheidung. Solche radikalen Lösungen können der richtige Weg sein. Aber sie sind schmerzhaft und auch längst nicht immer möglich.

Die fertig ausgefülle Portfolio-Matrix zeigt Ihnen die Energiefresser und Energiebringer in Ihrem Leben. Sie macht deutlich, wie ausgefüllt und ausgewogen Ihr Leben ist, und sie liefert Ihnen einen Anhaltspunkt, welche Bereiche Sie vernachlässigen oder überbetonen.

Die Portfolio-Analyse in der Praxis

Das war die Theorie. Wie die Portfolio-Analyse in der Praxis funktioniert, schauen wir uns am Beispiel von Gesa an, der Hamburger Chefeinkäuferin, die Sie schon im zweiten Kapitel kennen gelernt haben.

Gesa nennt als ihre wichtigsten Lebensbereiche: ihren Mann, ihre Tochter, ihren Job, Aussehen und Gesundheit, schön zu wohnen, ihr Interesse an Büchern, Kino und Musik. Außerdem wünscht sie sich, was ihr bisher fehlt: mehr Zeit für sich selbst. Diese Lebensbereiche trägt sie in die vier Felder der leeren Portfolio-Matrix ein. Als Nachgedanken ergänzt sie ihr Lebensportofolio um die Bereiche Freunde, Eltern und Finanzen.

Gesas Portfolio ist das vielseitige Portfolio der durchgestylten, perfekt funktionierenden»Powerfrau«. Es ist aber auch das Portfolio eines Menschen, der das Tempo, das er sich abverlangt, nur mühsam halten kann. Die Verteilung der Lebensbereiche auf die vier Felder Selbstläufer, Stars, Aufsteiger/Absteiger und Verlierer verrät: Gesa hat zwar in den meisten Lebensbereichen großen Erfolg. Dafür steckt sie in ihr Leben aber auch mehr Energie, als sie daraus bezieht.

Schauen wir uns die Portfolio-Matrix im Einzelnen an. Auf den ersten Blick fällt auf: In Gesas Leben gibt es viele Stars – zu viele. Sie erinnern sich: Stars sind Lebensbereiche, die uns in Atem halten. Sie sind zwar beflügelnd, zehren aber an der Substanz. Wer dauerhaft mehr als zwei Stars in seinem Depot hat, muss sich nicht wundern, wenn er gestresst ist.

In Gesas Fall kommt erschwerend hinzu, dass den vielen anstrengenden Stars nur ein einziger pflegeleichter Selbstläufer gegenübersteht. Die Ehe ist der einzige Lebensbereich, aus dem Gesa mehr Kraft bezieht, als sie hineinsteckt. Wenn es ihr gelänge, weniger ehrgeizig an die»schönen Dinge« des Lebens wie Wohnen, Kultur und Aussehen heranzugehen, wäre das Zusammenspiel der Lebensbereiche ausgewogener.

Neben den vielen Erfolgen gibt es in Gesas Leben zwei Verlierer, die in vielen Lebensdepots auftauchen: Gesundheit und Zeit für sich. Beide sind

36

ein Muss für physisches und psychisches Wohlbefinden. Es ist deshalb unmöglich, sie abzustoßen. Im Gegenteil: »Investieren« lautet die einzig richtige Strategie.

Weniger beunruhigend, aber ebenfalls verbesserungsfähig sind die Aufsteiger/Absteiger in Gesas Portfolio. Da ist zum einen die Beziehung zu den Eltern. Gesa leidet unter dem unausgesprochenen Vorwurf ihrer Eltern, sie würde um der Karriere willen ihre Tochter vernachlässigen. Das tut weh, auch wenn sie sich ansonsten gut mit ihren Eltern versteht. Ihr Verhältnis zu Geld sieht Gesa ebenfalls kritisch: »Wir nehmen viel ein, geben aber auch viel aus«, findet sie.

Ausgefülltes Lebensportfolio – ein Beispiel

Zeichnen Sie Ihr Lebensportfolio

Jetzt sind Sie an der Reihe: Zeichnen Sie Ihr Lebensportfolio, so wie es sich momentan darstellt. Welche Tätigkeiten, Menschen, Werte, Interessen spielen in Ihrem Leben eine Rolle? Das sind Ihre Portfolio-Elemente.

Fragen Sie sich beim Eintragen der Lebensbereiche: Was beansprucht Sie besonders stark? Was nimmt Ihre Zeit, Ihre Aufmerksamkeit, Ihre Gedanken über Gebühr in Anspruch? Wo engagieren Sie sich im Augenblick zu wenig oder gar nicht? In welche Lebensbereiche stecken Sie besonders viel Energie? Rechtfertigt der Erfolg den Aufwand?

Ein Tipp: Das Lebensportfolio ist noch aussagekräftiger, wenn Sie die Wichtigkeit jedes Lebensbereichs kennzeichnen, zum Beispiel durch Einkreisen oder durch die Schriftgröße.

Lebensportfolio interpretieren

Für die optimale Aufteilung der Lebensbereiche gibt es keine Norm. Niemand kann Ihnen vorschreiben, welche Bereiche in welchem Feld Ihres Lebensdepots enthalten sein müssen. Dafür sind unsere Lebenssituationen viel zu individuell.

Trotzdem sagt ein kurzer Blick auf die Zahl der Einträge und die Verteilung auf die Felder viel über die Ausgewogenheit eines Lebensportfolios aus.

Diese Besonderheit...	...deutet darauf hin, dass...
Auffallend wenige Einträge (3 bis 4)	...Sie sich auf wenige Lebensbereiche konzentrieren. Bricht einer davon ein, bleibt wenig übrig.
Auffallend viele Einträge (über 10)	...Sie ein komplexes, vielseitiges Leben führen. Fragen Sie sich, ob Sie sich möglicherweise verzetteln oder überfordern.
Ein Star, keine Selbstläufer, viele Verlierer	...Sie alle Energie in einen einzigen Lebensbereich stecken. Alles andere wird vernachlässigt.
40 Prozent Aufsteiger/ Absteiger und mehr	Aufsteiger/Absteiger sind am schwersten zu interpretieren: Sie können ebenso auf Zukunftsinvestitionen wie auf wunde Punkte hinweisen. In der Lebensphase zwischen 20 und Mitte 30, in der noch vieles in der Schwebe ist, sind viele Aufsteiger/Absteiger der Normalfall.
40 Prozent Verlierer oder mehr	...es in Ihrem Leben überproportional viele vernachlässigte oder belastete Bereiche gibt.
40 Prozent Stars oder mehr	...Sie viel Erfolg und viel Stress haben.
Die Zahl der Selbstläufer überwiegt deutlich die Zahl der Aufsteiger/Absteiger und Sterne	...Sie viel Erfolg und wenig Stress haben. Ihr Leben verläuft mühelos. Vielleicht wünschen Sie sich manchmal mehr Kick und weniger Selbstzufriedenheit?
Die Zahl der Selbstläufer hält sich in etwa die Waage mit den Sternen und Aufsteigern/Absteigern	...Sie die »Gut-ist-besser-als-perfekt«-Philosophie schon verwirklichen.

Die Portfolio-Interpretation in der Praxis

Kehren wir noch einmal zu Gesa zurück. Ihr Lebensportfolio enthüllt schwarz auf weiß, was ihr vorher nur intuitiv klar war: Sie mutet sich zu viel zu, geht über ihre eigenen Grenzen hinaus, setzt sich mit ihrem Traum vom perfekten Leben stark unter Druck. Wenn sie ihr Leben nicht neu strukturiert, ist der Burnout vorprogrammiert.

Jetzt, da Gesa ihr Leben grafisch vor sich sieht, definiert sie schnell und genau, was sich künftig ändern soll: »Auf jeden Fall werde ich künftig weniger Energie in den Job stecken und mehr delegieren, zumindest in der Zeit zwischen den Messen. Das ist mein Hauptziel für das nächste Jahr. Wenn ich weniger gestresst bin, werde ich vermutlich wieder besser schlafen und mich gesundheitlich wohler fühlen. Und mit meinen Eltern

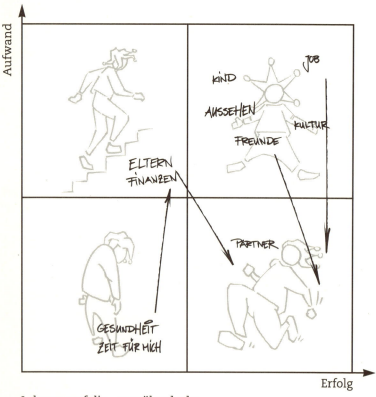

Lebensportfolio – neu überdacht

werde ich reden: Der Job ist mir wichtig, sehr sogar, aber natürlich steht Katrin an erster Stelle.«

Bleibt die Frage nach Gesas aufwändigem Lebensstil. »Es macht mir einfach Freude, gut angezogen zu sein, die Wohnung schön zu dekorieren, die neuesten Bücher zu kennen oder Gäste zu verwöhnen. Andererseits ist unser Lifestyle-Zauber mit ziemlich viel Stress verbunden, das stimmt. Sicher kann man vieles auch einfacher handhaben.« Die neuen Marschrichtungen trägt Gesa mit Pfeilen in ihr Lebensportfolio ein.

Interpretieren Sie Ihr Lebensportfolio

Wie zufrieden sind Sie mit Ihrem Lebensportfolio? Was würden Sie am liebsten sofort verändern? Wo investieren Sie die meiste Kraft, wo erzielen Sie die größten Erfolge? Stimmt Ihre Lebensgestaltung mit Ihren Wertvorstellungen überein? Wo macht sich Ihr innerer Antreiber besonders störend bemerkbar? Wie weit sind Wunsch und Wirklichkeit in Ihrem Leben voneinander entfernt? Wie können Sie Ihr Ist-Portfolio umschichten, um den Unterschied zu verringern?

Lebensportfolio bereinigen und umschichten

Bei der Geldanlage nutzen wir vier Möglichkeiten, ein aus dem Lot geratenes Portfolio ins Gleichgewicht zu bringen: verkaufen, untergewichten, übergewichten, kaufen. Als fünfte und radikalste Möglichkeit wechseln wir die Anlagestrategie, zum Beispiel wenn wir einen chancenorientierten Fonds gegen einen traditionellen austauschen. Ihr Lebensdepot können Sie auf die gleiche Weise justieren.

Ballast abwerfen. Sie können belastende Lebensformen, Beziehungen, Verpflichtungen oder Gewohnheiten aufgeben: die Scheidung einreichen, kündigen, die Ferienwohnung verkaufen, den Vorsitz bei den Wirtschaftsjunioren niederlegen, auf den Austausch von Weihnachtsgeschenken verzichten, den Fernseher abschaffen.

Das ist die radikalste Lösung. Sie ist notwendig, wenn das Lebensportfolio überfrachtet ist oder »Verlierer« uns das Leben schwer machen.

Spielräume freischaufeln. Sie können einer Rolle, einer Gewohnheit weniger Raum einräumen: statt fünf Überstunden in der Woche nur noch zwei machen, gekaufte Weihnachtskarten verschicken statt selbst gebastelter, Aufgaben an Kollegen, Dienstleister oder andere Familienmitglieder delegieren, zwei von drei Fachzeitschriften abbestellen, den pflegeintensiven Rasen durch gepflasterte Terrassen ersetzen, nach 19 Uhr nicht mehr ans Telefon gehen.

Konsequent umgesetzt machen sanfte Veränderungen den Weg frei für Neues, Schöneres und Wichtigeres.

Vernachlässigtes anreichern. Sie können Lebensbereichen mehr Gewicht geben: regelmäßig mit den Kindern Hausmusik machen, einmal die Woche in die Sauna gehen, Rituale entwickeln, die die Beziehung stärken, wieder mehr lesen, täglich eine halbe Stunde lang bewusst Musik hören.

Das ist der nahe liegende Weg, bisher vernachlässigte Lebensbereiche zu stärken.

Neues wagen. Sie können Ihr Leben um neue Interessen erweitern: wieder in den Beruf einsteigen, ein Ehrenamt übernehmen, Saxophon lernen, ein (zweites) Baby bekommen.

Dieser Weg birgt die Gefahr, ein bereits gut gefülltes Portfolio zu überfrachten. Damit das Portfolio überschaubar bleibt, ist es fast immer nötig, bei Neuzugängen eine andere Rolle oder Tätigkeit aus dem Portfolio zu verbannen.

Einstellungen verwandeln. Als fünfte Möglichkeit können Sie daran arbeiten, Ihre innere Einstellung zu verändern: dankbarer zu sein, weniger zu erwarten, weniger zu wollen, Unabänderliches zu akzeptieren. Auf diese Weise gewinnen Sie eine gelassenere Einstellung zu den aufreibendaufregenden Stars und Aufsteigern/Absteigern im Portfolio.

Das ist der schwerste, aber langfristig lohnendste Weg: Er ermöglicht uns mehr als alle anderen Veränderungen, den Kuchen zu haben und zu essen.

Zeichnen Sie Ihr Zielportfolio

Meistens bedarf es vieler kleiner Justierungen, um ein unausgewogenes, überfrachtetes oder schlecht bestücktes Lebensportfolio wieder ins Lot zu bringen. Anregungen für solche Veränderungen finden Sie in den nächsten Kapiteln. Einige Verbesserungen können Sie auf die Schnelle verwirklichen, andere sind radikaler und lassen sich nur Schritt für Schritt ins Leben integrieren. Aber darauf kommt es zunächst gar nicht an. Im Augenblick geht es erst einmal darum, Klarheit zu gewinnen:

- Welche Lebensaspekte möchten Sie stärken?
- Enthält Ihr Ist-Portfolio Beziehungen, Tätigkeiten, Verantwortungen, Gewohnheiten, die Sie lieber heute als morgen streichen möchten?
- Was können und wollen Sie vereinfachen?
- Spiegelt Ihr Ist-Portfolio Ihre wichtigsten Lebensträume wider? Wie müsste sich Ihr Leben verändern, damit Sie Ihre Wunschziele in Ihr Leben integrieren können?

Zeichnen Sie Ihre Zielvorstellungen in das Ist-Portfolio ein – ziehen Sie Pfeile, streichen Sie Lebensbereiche weg, fügen Sie neue ein, vergrößern oder verkleinern Sie Umrandungen. Gestehen Sie dabei allen Aspekten Ihres Lebens die Bedeutung zu, die sie verdienen. Achten Sie aber darauf, dass Sie Ihr Portfolio nicht überfrachten. Das passiert schneller, als wir denken: »Sieben Rollen verkraften wir, höchstens«, warnte der Zeitexperte Lothar Seiwert in der Zeitschrift *Elle*. Definieren Sie geduldig, mutig und realistisch ein Wunschportfolio, dem Sie im Lauf des nächsten Jahres immer näher kommen möchten.

GUTE(R) DINGE
Machen Sie sich Luft

>*Our life is frittered away by details. Simplify, simplify.*«
HENRY DAVID THOREAU

Ungefähr zehntausend Gegenstände besitzt eine vierköpfige Durchschnittsfamilie in Deutschland, zehntausend Gegenstände, die ausgesucht, besorgt, bezahlt, verstaut, benutzt und geputzt sein wollen, zehntausend Gegenstände vom Autostaubsauger bis zum Aspirin, vom Regenschirm bis zum Rollenkoffer, vom Waffeleisen bis zum Wollwaschmittel. Ich kenne Haushalte, in denen es mehr Fernseher gibt als Familienmitglieder, Frauen, die sich nicht vorstellen können, mit weniger als drei Sorten Slipeinlagen (weiß, schwarz, Tanga) auszukommen, und Männer, deren Kellerwerkstatt dem Sortiment eines OBI-Baumarktes kaum nachsteht.

Die bunte Warenwelt hat uns fest im Griff. Obwohl die Recycling-Höfe am Samstag Vormittag fast so überfüllt sind wie die Super-, Bau- und Bauernmärkte, platzen unsere Wohnungen und Häuser aus allen Nähten. Die Zweitgarage mutiert zum Abstellraum, fast jedes Reihenhaus wird neuerdings von einer Gartenhütte flankiert: Dort sind der Rasenmäher, die Motorsäge und der beeindruckende Fuhrpark des Nachwuchses zu Hause.

»Once you have it, you'll love it«, wirbt die Modefirma Aigner für den Kauf ihrer Produkte. Ich bin mir da nicht mehr so sicher. Immer häufiger merke ich, dass das Hochgefühl des Kaufens zur Last wird, sobald ich spontanen Neuerwerbungen einen angemessenen Platz in meinem Haus, meinem Kleiderschrank, meinem Leben einräumen soll. Denn im Grunde habe ich schon alles. Mehr als ich brauche. Vielleicht mehr als mir gut tut.

Wer im Überfluss schwelgt, gibt möglicherweise die Bequemlichkeit preis. Darum geht es in diesem Kapitel.

Ziehen Sie Bilanz: Ihr Sachenportfolio

Guter Dinge zu sein, beginnt damit, von guten Dingen umgeben zu sein: in der Wohnung, am Schreibtisch, im Auto. Wie sieht es in Ihrem Leben damit aus? Wie zufrieden sind Sie mit dem, was Sie haben? Wie wohl fühlen Sie sich in der Umgebung, in der Sie wohnen und arbeiten, die Sie für sich und Ihre Familie ausgesucht und gestaltet haben?

Auch bei dieser Überlegung hilft die Portfolio-Analyse. Zeichnen Sie ein leeres Portfolio in Ihr Notizbuch, überlegen Sie, wie zufrieden Sie mit Ihren Sachen sind, und zeichnen Sie das Ergebnis in das Portfolio ein.

Überlegen Sie für jedes Portfolio-Element: Wie zufrieden bin ich mit Menge, Zustand und Qualität? Arbeitet das Portfolio-Element für mich oder gegen mich? Bringt es Entlastung und Entspannung oder Stress und Unruhe in mein Leben? Was Sie als gut und angenehm empfinden, bestimmen Sie ganz allein. Lassen Sie sich deshalb bei der Beurteilung Ihres Wohnzimmers nicht von *Schöner Wohnen* und bei der Bewertung Ihrer Kleidung nicht von *Brigitte* oder *Vogue* beeinflussen.

Mögliche Elemente des Sachenportfolios sind zum Beispiel:

Arbeitsplatz:

- Schreibtisch
- Schränke
- Papierkram

Auto:

- Keller, Garage, Abstellräume
- Handtasche, Aktenmappe,
- Geldbörse, Hosentaschen
- Privater Papierkram

Wohnen:

- Bad
- Küche, Küchengeräte
- Möbel
- Schlafzimmer
- Wohnzimmer
- Garten, Balkon

Kleidung:

- Persönliche Accessoires

Wie zufrieden sind Sie mit Ihrem Ist-Portfolio? Welche Bereiche würden Sie gern verbessern? Zeichnen Sie Ihre Zielvorstellungen in das Sachenportfolio ein – ziehen Sie Pfeile, streichen Sie Lebensbereiche weg, fügen Sie neue ein, vergrößern oder verkleinern Sie Umrandungen.

Ent-sorgen vertreibt Sorgen

Der Mensch ist von seiner Umwelt geprägt – das ist der Grundgedanke des Feng Shui, der alten chinesischen Weisheit vom harmonischen Wohnen. Hinter allem, was uns in der Welt umgibt, steckt eine Energiequelle, eine universelle Kraft, die in China *Chi* genannt wird. Deshalb hat die Gestaltung der Wohn- und Arbeitsumgebung nach der Lehre des Feng Shui einen großen Einfluss darauf, wie es uns geht. Krimskrams, herumliegende Sachen, das kaum benutzte Gästezimmer, die Vase mit dem Sprung unterbrechen den Energiefluss, provozieren Streit, führen zu Erschöpfung und schwächen die Konzentration. Feng-Shui-Anhänger befreien sich deshalb regelmäßig von Altlasten, um Haus, Garten und Arbeitsplatz mit neuer Energie und frischem Schwung zu erfüllen.

Man muss jedoch kein Feng-Shui-Anhänger sein, um zu erleben: Eine sparsam eingerichtete Wohnung wirkt lichter als eine voller Schränke und Vitrinen für Erinnerungsalben, Sammlertassen und Elektrokleingeräte. Ein aufgeräumter Schreibtisch bringt Klarheit in die Gedanken. Mit kleinem Gepäck reist es sich angenehmer als im schwer bepackten Multi-Van.

Wer weniger kauft, sich regelmäßig von überflüssig Gewordenem trennt und sich besser organisiert, gewinnt Zeit, einen freien Kopf, einen besseren Überblick und Raum für Neues.

▶ Äußere Harmonie sorgt für das wohlige Gefühl, die Dinge und das Leben im Griff zu haben.

Leider ist es gar nicht so einfach, Ordnung zu schaffen und zu halten.

Die Reliquienfalle

»Du wirfst mein ganzes Leben weg«, pflegt mein Mann melodramatisch abzuwehren, wenn ich alle Jahre wieder den mit verblassten Vorlesungsskripten, längst abgewickelten Projektunterlagen und altem Computerzubehör zugemüllten Schrank in unserem gemeinsamen Büro entrümpeln will. Ich bin mir sicher, dass der Schrank das schlechte *Chi* anzieht wie das Licht die Motten. Meinen Mann beeindruckt das nicht. Er hält nichts von Feng Shui.

Vermutlich werde ich in unserem Büro so schnell nicht schaffen, was mir anderswo ganz gut gelungen ist: den Muff von tausend Jahren auszurangieren. In diesem speziellen Fall habe ich nämlich zu lange gewartet: Aus altem Papierkram sind Erinnerungen geworden.

Ganz offensichtlich wird Entrümpeln nicht einfacher, wenn die Dinge älter werden. Das Brautkleid acht Wochen nach der Hochzeit in den Secondhandshop zu tragen, das geht. Das Brautkleid acht Jahre nach der Eheschließung zur Altkleidersammlung zu geben käme uns pietätlos vor. Die verstreichende Zeit taucht alten Krempel in einen neuen, milderen Glanz: das angestoßene Fonduegeschirr wird zur Reliquie, das Aufsatzheft aus der vierten Klasse zum Zeitdokument, der längst vergessene Kaffeebecher mit dem Konterfei von Prinzessin Diana weckt Erinnerungen an die Klassenreise nach London. Andächtig streichen wir über unsere Fundstücke und legen sie in die hinterste Ecke der Schublade zurück.

Gegen das Gefühl, mit alten, nutzlos gewordenen Sachen einen Teil unseres Lebens wegzuwerfen, hilft nur eins: Was seine Schuldigkeit getan hat, was seit einem Jahr nicht mehr benutzt oder getragen wurde, was durch Neueres, Schöneres ersetzt wird, wird *auf der Stelle* entsorgt, verkauft, verschenkt, versteigert, lange bevor es den Status eines Kultobjekts erlangt. Zumindest der Abschiedsschmerz bleibt uns auf diese Weise erspart.

Das Wer-weiß-wann-ich-das-noch-mal-brauche-Syndrom

Wir leben in der Überflussgesellschaft. Wir sind unbelastet von Krieg und Wirtschaftskrise aufgewachsen. Wir können an sechs Wochentagen etwa zwölf Stunden täglich einkaufen, was das Herz begehrt, und sonntags im

Tankstellen-Shop das Überlebensnotwendige dazu. Trotzdem sammeln und horten wir zu Hause, als würde demnächst eine mittelschwere Naturkatastrophe über uns hereinbrechen: zu klein gewordene T-Shirts, Kalender aus dem vorigen Jahr, fünfunddreißig Plastikblumentöpfe in diversen Größen, »Pröbchen« aus der Parfümerie, die unserem Hauttyp nicht entsprechen, die kaputte Lampe, an der wir uns im Grunde längst satt gesehen haben, Bänder, Geschenkpapierreste, unidentifizierbare Plastikteilchen, Tüten aller Größen und Arten. Und Fehlkäufe: kaum Benutztes, selten Getragenes, Ungeliebtes. Zum Entsorgen zu schade.

Glücklich macht uns das Zeug nicht. Feng-Shui-mäßig gesehen ist es Gift für unser Wohlbefinden. Aber wegwerfen geht nicht: Denn wer weiß, wozu die Sachen noch mal gut sind? Vielleicht könnte man die Handtücher umfärben, die Pröbchen im Urlaub aufbrauchen, die Lampe doch noch reparieren? In Notzeiten, in den armen Gesellschaften der Dritten Welt sind solche Überlegungen begründet. In unserer Wohlstandswelt zeugen sie von Maßlosigkeit, einem mangelnden Gefühl für Balance und die optimale Mitte.

Dass Mangel etwas Negatives ist, leuchtet uns ein. Dass Überfluss uns schadet, müssen wir erst lernen. Bei der Ernährung hat der Umdenkprozess schon begonnen. Wir erleben am eigenen Leib, dass Völlerei uns genau so krank macht wie Mangelernährung. Mit dem Konsum verhält es sich nicht anders:

▶ **Zu viel des Guten stresst, lähmt, engt ein.**

»Erst hast du die Dinge, dann haben die Dinge dich«, heißt es im Sprichwort. Fazit: Wer abheben will, muss Ballast abwerfen.

Das Das-kann-ich-mir-nicht-leisten-Argument

Nun halten Sie vielleicht dagegen: Das ist ja alles gut und schön. Aber gut Erhaltenes, möglicherweise noch mal Brauchbares wegzuwerfen, nur weil es im Weg steht, das kann ich mir einfach nicht leisten.

Der Einwand leuchtet ein. Es ist ein teurer Spaß, Fehlkäufe zu entsorgen. Selbst am Flohmarkt oder im Secondhandshop erzielen wir meistens nur einen Bruchteil dessen, was wir einmal dafür ausgegeben haben.

Andererseits: Ungeliebtes, Unmodernes zu horten, ist ebenfalls kein billiges Vergnügen. Haben Sie schon einmal überlegt, was Vorratshaltung kostet? Wie viel Geld Sie für Stehsammler, Regale, Ablagen, Körbe, Kellerräume und die Gartenhütte ausgeben, die Sie brauchen, um all das zu lagern, was wegzuwerfen Sie sich nicht leisten können? Wie viel Zeit Sie investieren müssen, um den ganzen Kram zu ordnen und sauber zu halten? Nur damit Ihr Jüngster dann am Ende doch die im Keller eingelagerte Skiausrüstung des älteren Bruders uncool findet und auf kurzen Carvers besteht?

Das können Sie tun

Fangen Sie mit dem Einfachsten an. Wegwerfen entlastet – aber erst wenn man es hinter sich hat. Die meisten Leute raffen sich nur schwer auf, Überflüssiges auszusortieren. Fangen Sie deshalb mit dem Einfachsten an: zum Beispiel der Schreibtischplatte, dem Medizinschränkchen, dem Schuhregal, dem Schrank unter der Spüle, dem obersten Fach des Geschirrschranks, Ihrem Auto. Gehen Sie dann nach dem immer gleichen Prinzip vor:

· Komplett ausräumen,
· gründlich reinigen,
· gnadenlos aussortieren,
· übersichtlich einräumen.

Auf diese Weise entstehen kleine »Ordnungsoasen«. Mit den ersten Erfolgen stellt sich oft auch die Lust zum Weitermachen ein.

Entsorgen Sie Gerümpel. Werfen Sie ohne nachzudenken alles weg, was wirklich keinen Wert mehr besitzt:

· ausgelesene Zeitschriften
· benutztes Geschenkpapier
· Vorräte, Medikamente und Kosmetikartikel, die das Verfallsdatum überschritten haben
· eingetrocknete Putzmittel, Blumendünger, Farben
· alte Kataloge, Reiseprospekte, Glückwunschkarten, Telefonbücher

- Einzelsocken, verwaschene Handtücher, ausgeleierte T-Shirts
- Kleidung, die nicht mehr passt
- angestoßenes Geschirr
- Pflanzen, die seit Monaten kränkeln
- leere Flaschen und Kartons

Trennen Sie sich von allem, was Sie nicht brauchen und mögen. Es gibt sie in jedem Haushalt: Fehlkäufe. Design- und Deko-Objekte, die sich als Staubfänger entpuppen. Sachen, die wir aus einer Laune, einem Modetrend heraus gekauft haben: den nie genutzten Petziball, den Platz raubenden Wok, den albernen Kickroller. Geschenke, die uns nicht wirklich gefallen. Spielzeug, das die Kinder nicht (mehr) mögen. Leider sind solche Sachen mangels Gebrauch oft noch »so gut wie neu«. Deshalb haben wir Schuldgefühle, wenn wir sie wegwerfen.

Trick 1: Weggeben statt wegwerfen. Die Trennung fällt leichter, wenn man weiß, dass jemand anderer Freude daran hat. Überlegen Sie deshalb bei gut erhaltenen Sachen, ob Sie sie verkaufen, verschenken, spenden oder vielleicht sogar im Internet versteigern können.

Allerdings: Weggeben ist entschieden arbeitsaufwändiger als wegwerfen. Deshalb ist die Versuchung groß, Sachen im Keller zwischenzulagern, um sie dann bei passender Gelegenheit vielleicht im nächsten Urlaub … Vergessen Sie's! Melden Sie sich lieber gleich beim Flohmarkt an, geben Sie eine Kleinanzeige auf oder rufen Sie die Person an, die Sie beschenken möchten.

Trick 2: Wegpacken zum Wegwerfen. Wenn Sie hartnäckig an Altlasten hängen, müssen Sie sich selbst überlisten: Packen Sie alles, was Sie nicht mehr verwenden, aber noch mal brauchen könnten, in Umzugskartons, beschriften Sie sie mit dem Datum des nächsten Jahres und stellen Sie die Kisten in den Keller. Jede Kiste, die Sie ein Jahr lang nicht geöffnet haben, wird nach der Gnadenfrist umstandslos entsorgt.

Trick 3: Lassen Sie sich helfen. Wer jahrelang nicht entrümpelt hat, tut sich besonders schwer. In diesem Fall ist es sinnvoll, die Sache gemeinsam mit Freunden anzupacken. Die werfen fünf Jahrgänge des *Spiegel* ebenso unsentimental weg wie das Computerzubehör aus dem letzten Jahrtausend und die Barbie-Horden der erwachsenen Töchter. Wer es sich leisten kann, beauftragt für die Entrümpelungsaktion einen professionellen Aufräumservice.

Qualität statt Quantität

Stellen Sie sich vor, Sie öffnen die Tür zu Ihrem Badezimmer. Ihr Blick fällt auf einen Raum, der Ruhe und Schönheit atmet. Kein Ablagechaos auf dem Badewannenrand, keine überteuerten Anti-Aging-Cremes, keine farblich unpassenden Handtücher (ein Schnäppchen aus dem Winterschlussverkauf) stören die Harmonie. Kein ungenutztes Fitnessgerät (die Dankeschön-Prämie einer überregionalen Tageszeitung für die Werbung eines neuen Abonnenten) ruft ein schlechtes Gewissen hervor. Dafür macht eine chromblitzende, gewiss nicht billige Badwaage im Retrolook die Gewichtskontrolle zum Genuss. Um diesen Traum wahr zu machen, brauchen wir vor allem eines: konsequente Auswahlkriterien.

▶ **Tand und Junk kommen uns nicht mehr ins Haus.**

Wir kaufen nur noch, was uns hundertprozentig überzeugt. Egal, ob es sich um Möbel oder Make-up, Küchengeräte oder Kleiderbügel handelt: Es werden nur noch Dinge angeschafft, die über das Kauferlebnis hinaus Freude machen und gern und häufig genutzt werden.

Dazu bedarf es einer gewissen Kompromisslosigkeit. Mein Mann und ich kochen wirklich gern. Aber die Pasteten- und Terrinenrezepte, die die Zeitschrift *Essen & Trinken* vor Weihnachten vorstellt, mögen noch so verlockend aussehen – wir bieten unseren Gästen etwas anderes an. Nicht nur, weil wir glauben, dass gutes Essen nicht unbedingt kompliziert sein muss. Sondern vor allem, weil wir uns nicht mit einer Terrinenform belasten möchten, die wir – so gut kennen wir uns – nur einmal im Jahr aus dem Schrank holen würden. Aus dem gleichen Grund gibt es in unserem Haushalt auch keine Sternkuchenform, keinen Racletteofen, keine Sushi-Matte und keinen Gartengrill (mehr). Wohl aber hochwertige Messer und eine vollautomatische Espressomaschine – Dinge, die wir täglich nutzen und genießen. Wir sind nicht perfekt ausgerüstet, das stimmt. Aber wir leben ganz gut damit.

Warum wir kaufen, was wir haben

Machen wir uns nichts vor: Am Geld liegt es nur bedingt, wenn wir lieber viel Billigware statt wenige, ausgesucht schöne Dinge in unsere Wohnung und unser Leben lassen. Paco Underhill, der Autor des Bestsellers *Warum wir kaufen,* geht davon aus, dass die Amerikaner zur Deckung der Grundbedürfnisse lediglich dreißig bis vierzig Prozent ihres Einkommens aufwenden müssten. Im deutschsprachigen Raum dürfte – in abgeschwächtem Maße – Ähnliches gelten.

Über die Hälfte unseres Geldes geben wir somit aus emotionalen Motiven aus, zum Beispiel um uns etwas Gutes zu tun, um Freunde zu beeindrucken, um unser Selbstwertgefühl zu steigern, um mit der Mode zu gehen, um uns abzuheben von der Masse, um etwas zu erleben, um Preisnachlässe zu nutzen. Und weil wir der bunten Warenwelt erliegen, die mit einer Mischung aus Entertainment, Shopping und Ästhetik unsere Sinne anspricht und unsere Konsumwünsche weckt.

Dabei bedarf es noch nicht einmal aufwändiger Erlebnislandschaften, um uns in Kauflaune zu versetzen. Gestern bin ich an einer Buchhandlung vorbeigekommen, die jedes Schaufenster in einer anderen Frühlingsfarbe gestaltet hat: Im ersten Schaufenster lagen nur Bücher mit lindgrünen Umschlägen, im zweiten dominierte ein knalliges Gelb, im dritten ein zartes Pink. An einem grauen Märztag zog mich das bunte Bild wie magisch in den Laden. Eine Viertelstunde später war ich wieder um einen Roman reicher. Obwohl zu Hause auf dem Wohnzimmertisch noch vier ungelesene Bücher warteten.

Spontankäufe wie dieser sind der Hauptgrund für den Überfluss in unseren Haushalten. Elaine St. James, eine der Ikonen der amerikanischen Simplify-your-life-Bewegung, empfiehlt zur Vorbeugung gegen impulsive Anschaffungen die »Dreißig-Tage-Liste«: Spontane Kaufwünsche werden nicht umgehend befriedigt, sondern kommen erst einmal auf die Liste. Sind die dreißig Tage um, ist das Interesse an vielen Käufen verschwunden. Der Gewinn liegt auf der Hand: mehr Geld, mehr Platz, mehr Spielraum.

Das können Sie tun

Überlegen Sie, was Sie in Ihr Leben lassen. Schaffen Sie sich nur Dinge an, die Sie regelmäßig, dauerhaft und ohne großen Aufwand nutzen können: Klassiker wie den dunkelblauen Hosenanzug, der weder nach jedem Tragen in der Reinigung noch in der nächsten Saison im Secondhandshop landet. Qualitätsprodukte wie die Gartenmöbel aus Plantagen-Teakholz, die Sommer wie Winter im Freien bleiben können und lediglich alle paar Jahre mit Pflegeöl eingelassen werden müssen. Unkompliziertes wie das Sofa mit dem losen Bezug, der sich mühelos abziehen und waschen lässt.

Leihen statt kaufen. Man muss nicht alles haben – und schon gar nicht alles selbst. Nutzen statt besitzen, heißt die neue Devise. Vom Video für den Filmabend bis zum Van für den Familienurlaub, von der Wiege bis zum Wohnmobil – wer leiht oder least, muss auf nichts verzichten, dämmt die Flut der Habseligkeiten ein, braucht sich um Pflege und Stauraum nicht zu kümmern und kommt obendrein häufig in den Genuss brandneuer Modelle.

Weniger ist mehr. Erst recht, wenn das Wenige durch Schönheit und Langlebigkeit besticht. Jeder überflüssige Schnickschnack, jedes noch so geschmackvolle Deko-Objekt, jeder herumliegende Kugelschreiber, jeder Ohrclip stellt einen Umweltreiz dar, auf den unser Gehirn reagiert. Wir nehmen alle diese Dinge zwar nicht bewusst wahr, trotzdem buhlen sie um unsere Aufmerksamkeit, lenken ab, stören die Konzentration. Deshalb wirken im Zeitalter des Überflusses leere Räume luxuriös und schlichte Outfits besonders edel. »Wir wollen nicht mehr von allem«, resümiert die Zukunftsforscherin Faith Popcorn. »Was wir wollen, ist mehr und mehr weniger.«

Der Weg dorthin ist eigentlich nicht schwer: Wählen Sie einfach von allem nur das (für Sie) Beste, kaufen Sie lieber nichts statt einer Notlösung, überlegen Sie sich jede Anschaffung zwei- und dreimal. Auf diese Weise bringen Sie ganz automatisch Klarheit und Großzügigkeit in Ihr Leben.

Eins rein, eins raus. Die Idee ist bestechend einfach: Für jedes neu angeschaffte Teil werfen Sie ein altes weg. Bei Möbeln oder Autos verfahren Sie vermutlich längst nach diesem Prinzip – notgedrungen. Es bewährt sich aber auch im Kleinen. Wenn Sie sich, aus welchen Gründen auch immer, einen neuen Regenschirm zugelegt haben, entsorgen Sie den alten, statt ihn »für alle Fälle« im Kofferraum Ihres Autos zu deponieren. Seit ich häufig, wenn auch nicht immer, nach dieser Regel handle, hat sich mein Konsumverhalten geändert: Ich wähle bewusster aus und stelle so manchen Kaufwunsch erst einmal zurück.

»Gute(r) Dinge« heißt für mich:

Welche Anregungen aus diesem Kapitel möchten Sie auf jeden Fall umsetzen? Wann? Wie genau? Was versprechen Sie sich konkret davon?

Nehmen Sie sich nicht zu viel vor. Ziel ist nicht das klinisch reine Zuhause, in dem die Gemütlichkeit der Rationalisierung zum Opfer fällt. Ziel ist einfach ein bisschen mehr Luft zum Leben. Es reicht völlig aus, wenn Sie anfangs nur ein oder zwei Vorschläge aus diesem Kapitel in Ihr Leben integrieren.

Formulieren Sie Ihr Ziel als Überzeugung (»Ich forste spätestens nächstes Wochenende den Kleiderschrank aus.«), nicht als Möglichkeit (»Ich könnte eigentlich mal wieder den Sperrmüll bestellen.«).

GUT IM GRIFF
Vereinfachen Sie Ihren Alltag

Wir verbringen immer weniger Zeit am Arbeitsplatz. Wir verfügen über mehr Freizeit als früher. Wir besitzen vollautomatische Waschmaschinen, elektronische Geschirrspülmaschinen, multifunktionale Küchenmaschinen. Trotzdem haben wir, so scheint es uns, mehr zu tun als je zuvor. Eine Studie des Bamberger Soziologen Manfred Garhammer bestätigt den subjektiven Eindruck: Während die tarifliche Arbeitszeit sinkt, steigt die unbezahlte Arbeit zur Organisation unseres Lebens unaufhaltsam an.

Erstaunlich ist das nicht: Die Welt wird immer komplizierter, und unsere Ansprüche an ein erfolgreiches Leben nehmen zu. Wir betreiben deutlich mehr Aufwand als frühere Generationen, um den Müll zu trennen, das Aktiendepot zu verwalten, die Beine zu rasieren, Telefontarife zu vergleichen, zwei Karrieren unter einen Hut zu bekommen und das Haus weihnachtlich zu dekorieren.

Garhammer zufolge wenden Eltern für die Förderung und Beförderung ihrer Kinder heute etwa eineinhalb mal so viel Zeit auf wie früher. Besorgungen nehmen etwa doppelt so viel Zeit in Anspruch wie vor dreißig Jahren, als es noch schnell erreichbare Tante-Emma-Läden und in jedem kleinen Ort ein Postamt gab. Und weil Dienstleistungen hierzulande fast unerschwinglich sind, packen wir selbst an, wann immer es geht. Während die Amerikaner, die im Jahr rund vierhundert Stunden mehr im Büro verbringen als wir, lästige Reparatur-, Reinigungs- und Pflegearbeiten an Profis übergeben, bügeln wir die Hemden selbst, streichen die Fenster selbst, installieren die Online-Software selbst. Sogar unsere Einkaufswagen bringen wir selbst zurück. Demnächst werden wir wohl eigenhändig Frischkäse, Milchreis und Bananen über den Barcode-Leser ziehen.

Die Organisation des Alltags, das Management von Familie, Haushalt und Finanzen entwickelt sich zunehmend zum Job vor, neben und nach dem Job. Jedenfalls für die, die möglichst perfekt leben, wohnen und erziehen wollen. In diesem Kapitel finden Sie Möglichkeiten, wie Sie sich das häusliche Pflichtprogramm erleichtern können.

Ziehen Sie Bilanz: Ihr Familien-&-Haushalts-Portfolio

Wie sehr nimmt Ihr Alltag Sie in Anspruch? Wie viel Zeit wenden Sie für Kinder, Küche, Besorgungen, Haus und Garten, den privaten Papierkram, die Organisation des Familienlebens auf? Wie gut haben Sie diesen Teil Ihres Lebens im Griff? Welche privaten Verpflichtungen erledigen Sie gern? Was würden Sie lieber heute als morgen delegieren? Wie gerecht ist die Haus- und Erziehungsarbeit in Ihrer Familie verteilt?

Listen Sie auf, mit welchen Aspekten Ihres Alltags Sie sich gedanklich auseinander setzen möchten, und zeichnen Sie sie in Ihr Familien-&-Haushalts-Portfolio ein.

Mögliche Portfolio-Elemente sind zum Beispiel:

Haushalt:
- Einkaufen
- Kochen
- Aufräumen
- Wäschepflege
- Putzen
- Garten
- Auto
- Reparaturen

Finanzen:
- Geldanlage
- Rechnungen
- Steuer
- Papierkram

Kinder:
- Versorgen
- Fördern
- Holen und bringen
- Bei Laune halten

Was niemand sieht:
- Private Termine planen und verfolgen
- Familiäre Telefonseelsorge
- Feste und Feiertage vorbereiten
- Soziale Kontakte pflegen
- Wochenenden/Urlaub organisieren

Wie zufrieden sind Sie mit Ihrem Portfolio? Welche Bereiche würden Sie gern verbessern? Zeichnen Sie Ihre Zielvorstellungen in Ihr Familien-&-Haushalts-Portfolio ein – ziehen Sie Pfeile, streichen Sie Lebensbereiche weg, fügen Sie neue ein, vergrößern oder verkleinern Sie Umrandungen.

Was Ihr Leben einfacher macht, bestimmen Sie

Es gibt Dutzende von Möglichkeiten, sich das Familien- und Haushaltsmanagement zu erleichtern: nicht nur Freud und Leid, sondern auch Haushalt und Erziehung mit dem Partner teilen. Die Toleranzschwelle gegen Schmutz, Staub und Unordnung erhöhen. Eine Putzhilfe finden. Hemden und Bettwäsche außer Haus bügeln lassen. Das Zweitauto abschaffen. Mit weniger Quadratmetern Wohnfläche auskommen. Seltener waschen. Ein Au-Pair-Mädchen einstellen. Weiße T-Shirts statt weißer Blusen tragen. Geburtstagsgrüße einmal im Monat auf Vorrat schreiben. Auf Garten, Haustiere und Zimmerpflanzen verzichten. Gardinen abschaffen. Keine Aktien kaufen. Keine Schulden machen. Darauf bestehen, dass jedes Familienmitglied einen Beitrag zur Hausarbeit leistet. Die Wohnung nicht mit Straßenschuhen betreten. Post sofort ablegen, beantworten, wegwerfen, weiterleiten. Einen zuverlässigen Babysitter finden. Küchenrollen, Strumpfhosen, Grußkarten auf Vorrat kaufen. Das Wohnzimmer zur spielzeugfreien Zone erklären. Keinen neuen PC anschaffen, nur weil der alte nicht mehr der aktuellste ist. Öfter im Restaurant essen. Spaß am Kochen und Backen entwickeln oder unauffällig dafür sorgen, dass ein Familienmitglied Gefallen daran findet. Bei jedem Kleidungskauf, jeder Neuanschaffung für die Wohnung mindestens sosehr auf Funktionalität wie auf Schönheit achten. Keine Wohn-, Frauen- und Elternzeitschriften mehr lesen. Nur noch schwarze, identische Herrensocken kaufen.

Kaum ein Lebensbereich eröffnet so viele Ansatzpunkte, das Leben einfacher zu gestalten, wie Haushalt und Familie. Die alltäglichen Verrichtungen und Gewohnheiten setzen sich aus einer Fülle von Kleinigkeiten zusammen. Jede Einzelne von ihnen bietet die Chance, im kleinen oder großen Stil Zeit und Energie zu sparen. Wir müssen nur die Weichen richtig stellen. Was richtig und wichtig ist, bestimmt jeder für sich selbst – unabhängig von Moden, Trends und Konventionen. Das setzt voraus, dass wir auch das scheinbar Undenkbare zumindest einmal durchdenken und uns immer öfter für das gute Leben entscheiden statt für den perfekt geführten Haushalt.

Wie man sich bettet, so liegt man

Freunde von uns sind kürzlich umgezogen. Das ist an sich nicht weiter erstaunlich, in den letzten Jahren haben das viele Bekannte getan. Aber während die meisten die Wohnung in der Stadt gegen das Haus mit Garten im Neubaugebiet vertauschten, gingen Lea und Heiner den umgekehrten Weg: Sie verkauften die 150 Quadratmeter große Doppelhaushälfte mit Garten und zogen in eine knapp 100 Quadratmeter große Altbauwohnung im Gründerzeitviertel, perfekt saniert, mit Flügeltüren, Stuckdecken und Eichenparkett. »Anna ist jetzt 16«, erzählt Lea, »und heilfroh, dass sie nicht mehr auf dem Land versauert. Heiner genießt es, morgens zu Fuß in die Kanzlei zu gehen. Und ganz ehrlich: Ich kann sehr gut ohne Rasen mähen, Laub kehren und Fenster streichen auskommen. Seit wir uns verkleinert haben, leben wir einfach besser.«

▶ **Wo und wie wir wohnen, bestimmt mehr als vieles andere, wie viel Zeit, Geld und Energie uns zum Leben bleibt.**

Das Haus im Grünen mit Garten, Doppelgarage, selbst entworfenem Grundrisszuschnitt und viel Platz? Der Traum vom Eigenheim – erkauft mit Hypothekenzinsen, Pendeln vom Land in die Stadt und dem Wohnen in gesichtslosen Neubauvierteln.

Die helle, pflegeleichte Etagenwohnung mit Tiefgarage, sonnigem Balkon, kurzen Wegen in die City und einem Vermieter, der für Bauschäden und größere Reparaturen geradesteht? Bequemlichkeit – erhandelt mit dem Verzicht auf »etwas Eigenes«.

Die Altbauwohnung mit Parkblick, großzügigem Zuschnitt oder 3,50 Deckenhöhe? Ästhetik und urbanes Leben – verbunden mit dem allabendlichen Kampf um die Parklücke und einer nach Norden ausgerichteten Loggia, die kaum Platz für zwei bietet.

»Eine Villa im Grünen mit großer Terrasse, vorn die Ostsee, hinten die

Friedrichstraße, mit schöner Aussicht, ländlich-mondän, vom Badezimmer ist die Zugspitze zu sehn – aber abends zum Kino hast du's nicht weit. Ja das möchste«, karikierte schon Kurt Tucholsky unseren Traum vom Schöner Wohnen.

Soviel Perfektion ist Utopie. Aber es gibt mehr Wohnformen, als die Bausparkassenwerbung uns glauben macht. Wir müssen nur darüber nachdenken, was gut für uns ist, und alle Eventualfälle und Alternativen durchspielen.

Das bisschen Haushalt

Männer legen nicht so viel Wert auf streifenfreie Fenster. Männer kennen sich nicht so gut aus mit den Feinheiten von Koch-, Fein- und Buntwäsche. Männer haben an Wichtigeres zu denken als an Geschirrspül-Tabs und das Geburtstagsgeschenk für ihre Mutter. Sie finden das bisschen Haushalt läppisch. Nicht der Rede wert. »Du machst das schon, Schatz«, lächeln sie. Ihre Kinder äußern sich weniger zartfühlend. »Ist doch morgen sowieso wieder dreckig«, mault der Sohn. »Später, Mami. Du siehst doch, ich habe zu tun«, schnaubt die Tochter.

Haushalt ist in den meisten Familien hauptsächlich Frauensache. Das sagt heute zwar keiner mehr laut, aber die Zahlen sprechen für sich: Umfragen des Statistischen Bundesamtes in Wiesbaden zeigen, dass berufstätige Mütter durchschnittlich bis zu 24 Stunden pro Woche im Haushalt arbeiten, berufstätige Männer dagegen nur etwa 9 1/2 Stunden.

Hausarbeit ist ein undankbarer Job, den niemand sonderlich gerne macht, weil die Plackerei des Wegräumens, Wegwischens, Wegsaugens am nächsten Tag wieder von vorne losgeht. Weil Hausarbeit nichts gilt in unserer Gesellschaft. Weil Hausarbeit unter solchen Umständen wenig Spaß macht. Hausarbeit, fand der Glücksforscher Csikszentmihalyi heraus, trägt im Gegensatz zu den Herausforderungen im Beruf kaum etwas zum emotionalen Wohlbefinden verheirateter Frauen bei. Spülen, Putzen und Wäschepflege zählen zu den negativsten Erfahrungen im Tagesablauf. Einkaufen und Kinderbetreuung lösen neutrale Empfindungen aus. Lediglich das Kochen wird als positiv erlebt. Allerdings hauptsächlich von Männern, die seltener kochen als Frauen und hauptsächlich dann, wenn sie Lust dazu haben. Kein Wunder, dass sich niemand um die Familienarbeit reißt.

Hausarbeit ist eine Notwendigkeit des Lebens, vor der Partner und Kinder gerne die Augen verschließen. Vor allem, wenn jemand ihnen widerwillig, aber zuverlässig die Verantwortung für den nicht endenden Kampf gegen Krümel, Kalk und Katzenhaare abnimmt.

◾ Das können Sie tun

Räumen Sie Ihren Kindern nicht alles hinterher. Sie brauchen kein schlechtes Gewissen zu haben, Ihre Kinder mit der Hausarbeit zu konfrontieren. In einer Langzeitstudie der Boston University wurde festgestellt, dass Kinder und Jugendliche, die regelmäßig Pflichten im Haushalt übernehmen, sogar bessere schulische Leistungen erbringen. Der Grund: Das Vertrauen, das die Eltern in sie setzen, fördert die Motivation. Grundschüler sind Aufgaben gewachsen, die eine Viertelstunde bis zwanzig Minuten dauern. Bei älteren Kindern gelten eine halbe bis eine Stunde als angemessen – nicht unbedingt täglich, aber durchaus mehrmals die Woche.

Lassen Sie es nicht zum Schlimmsten kommen. Entrümpelte, klare Räume in Ordnung zu halten, ist nicht schwer – sofern alle Familienmitglieder über sechs sich an die folgenden fünf Regeln halten:

1. Benutztes wird nach Gebrauch an seinen Platz zurückgestellt.
2. Abfälle kommen sofort in den Mülleimer oder Papierkorb.
3. Ausgelesene Zeitungen und leer getrunkene Flaschen werden einmal täglich in den Keller gebracht.
4. Jeder macht sein Bett, bevor er das Haus verlässt.
5. Jeder hinterlässt Bad und Küche so, wie er sie vorgefunden hat.

Die 5-Minuten-Razzia. Gehen Sie morgens, ehe Sie das Haus verlassen, und abends vor dem Zubettgehen einmal rasch durch die Wohnung und erledigen Sie das Allernötigste: Herumliegendes wegräumen, Kissen aufschütteln, Waschbecken sauber machen, Geschirr in die Spülmaschine stellen. Machen Sie einen Sport daraus, wie viel Sie (noch besser: die ganze Familie zusammen) in drei, fünf oder zehn Minuten schaffen können.

Putzen Sie selbst ... oder leisten Sie sich eine Putzhilfe. Ich kenne viele Männer, die einkaufen, kochen, bügeln oder die Spülmaschine in Gang setzen. Aber ich kenne kaum einen, der putzt und sauber macht. Erst recht nicht tagtäglich. Und schon gar nicht zur Zufriedenheit seiner Partnerin. Warten Sie deshalb nicht darauf, dass der Partner oder gar die Kinder sehen, was zu tun ist. Regen Sie sich nicht darüber auf, dass keiner so gründlich sauber macht wie Sie. Putzen Sie lieber selbst. Beliebtere, weniger konfliktträchtige Arbeiten lassen sich leichter verteilen.

Lassen Sie die anderen machen, was sie wollen. Bestehen Sie darauf, dass jedes Familienmitglied, das einen PC, ein Handy und die Fernbedienung bedienen kann, Verantwortung im Haushalt übernimmt. Aber kommen Sie Mann und Kindern nicht mit einem fertigen Arbeitsplan, in dem minutiös festgelegt ist, an welchen Tagen der Woche Ann-Katrin den Tisch deckt, Julian die Spülmaschine ausräumt und wer sich wann ums Abendessen kümmert. Beraten Sie lieber gemeinsam mit der Familie, wie sich die Aufgaben im Haushalt aufteilen lassen: Wer kann was gut? Wer macht was gern? Wer hat wann für was Zeit? Wer macht was zwar nicht gern, aber immer noch weniger ungern als alle anderen?

Vermeiden Sie das H-Wort. Haben Sie es als Kind auch gehasst, zu Hause »helfen« zu müssen? Auf Abruf den Müll wegzubringen, schnell mal Brötchen zu holen, den Tisch zu decken, obwohl im Fernsehen gerade *Flipper* lief? Wer Entlastung im Haushalt sucht, darf nicht erwarten, dass die Familie auf Zuruf Handlangerdienste erledigt. Finden Sie lieber gemeinsam mit Ihrer Familie eine fantasievolle Lösung, in der jeder sein eigenes Ressort mit klaren Aufgaben und Kompetenzen hat. Freunde von uns haben sich die Hausarbeit zum Beispiel so aufgeteilt, dass *sie* für das Erd- und Obergeschoss und alle dort anfallenden Arbeiten, also Kochen, Einkaufen und Saubermachen, zuständig ist. Dafür kümmert *er* sich um alle Arbeiten, die im Keller anfallen: Waschen, Bügeln, Reparieren, Putzen. In einer anderen Familie gibt es einen festen Familienhaushaltstag pro Woche. Zwei Stunden am Samstag Vormittag packen alle gemeinsam an.

Lassen Sie nicht locker. Einmal entstandene Verhaltensmuster in einer Familie sind schwer zu verändern. Wer die Hausarbeit zur Familiensache machen möchte, braucht deshalb einen langen Atem. Bestehen Sie ruhig und bestimmt darauf, dass jeder die Pflichten erledigt, die er übernommen hat. Stellen Sie sich darauf ein, dass es nicht damit getan ist, einmal Ihre Wünsche zu äußern. Wahrscheinlich werden Sie zwanzigmal oder fünfzigmal bitten, erinnern, motivieren müssen. Trotzdem: Widerstehen Sie der Versuchung, schnell die Waschbecken sauber zu machen, wenn nach dem Arbeitsplan Ihre Tochter dran ist. Lassen Sie sich auch nicht auf Schimpfen und Diskussionen ein. Schicken Sie ihr lieber ein SMS aufs Handy. Oder kleben Sie ein Post-it als Erinnerung an die Badezimmertür.

Erwarten Sie keine Perfektion. Bestehen Sie nicht darauf, dass Ihr Mann so fettarm kocht wie Sie oder Ihr Sohn die Spülmaschine nach Ihrem System einräumt. Würdigen Sie den guten Willen. Erkennen Sie gute Arbeit an – mit Lob, Aufmerksamkeit, Freude und spontanen Belohnungen. Verabschieden Sie sich von der Vorstellung, mit einem perfekt organisierten Haushalt zu glänzen.

Job Familienmanagerin

Familienmanagerin ist das politisch korrekte Wort für das, was früher mal Hausfrau hieß. Und es ist nicht einmal ein Euphemismus. Denn egal, ob Sie erziehen oder verdienen oder beides miteinander vereinbaren: Haushalt, Kinder, Geldverwaltung, die familiäre Seelsorge und die private Terminkoordination erfordern ähnliche Fähigkeiten wie die Leitung eines kleinen Projektteams. Hier wie dort sind Energie, Intuition, Konfliktmanagement und effektive Kommunikationstechniken gefragt. Vor allem aber kommt es hier wie dort auf die Fähigkeit an, einfühlsam mit den Teammitgliedern umzugehen und dennoch auf Leistung zu pochen.

Wenn Manager in der Wirtschaft ihren Job gut machen, erbringen sie keine Dienstleistungen und produzieren keine Produkte. Zugespitzt ausgedrückt: Sie arbeiten nicht mit, sie stellen sicher, dass die Arbeit läuft. Sie geben die Ziele vor und schaffen ein Umfeld, in dem die Mitarbeiter ihr Potenzial entfalten können.

Auf das Familienmanagement übertragen, heißt das: Als Hauptverantwortliche oder Hauptverantwortlicher für Haushalt und Familie kümmern Sie sich darum, dass die Familie gut versorgt ist: dass jemand einkauft, kocht, wäscht, die Hausaufgaben betreut, die Kleine in den Kindergarten bringt und die Große vom Gitarrenunterricht abholt. Diese Organisation allein bedeutet in größeren Familien schon einen Kraftakt. Aber die oder der Familienhauptverantwortliche muss diese Dienstleistungen nicht unbedingt selbst erledigen. Mit Geld, Fantasie, einem fairen Partner, zuverlässigen Kindern und einem dicht gewebten Oma-Opa-Putzhilfe-Netzwerk lässt sich vieles oder wenigstens einiges davon delegieren. Mit gutem Gewissen: Nichts deutet darauf hin, dass Kinder, die im Hort ihre Hausaufgaben machen oder mit dem Au-Pair-Mädchen Plätzchen backen, sich schlechter entwickeln als Kinder, die rund um die Uhr von ihren Eltern betreut werden. »Eine Betreuung der Kinder durch Dritte«, schreiben die Erziehungswissenschaftler Bärbel Kracke und Martin Hofer von der Universität Mannheim, »ist in allen Altersstufen im Regelfall unbedenklich, häufig sogar eher günstig für die Entwicklung des Kindes.«

Als Dienstleister sind Eltern ersetzbar. Durch Krippe, Kindergarten, Ganztagsschule, durch die Oma, die Tagesmutter, den Babysitter, die Haushaltshilfe, den Nachhilfelehrer. Als Manager, die die Verantwortung für das Unternehmen Familie tragen, die es prägen, steuern und entschlossen auf Kurs halten, sind Eltern unentbehrlich. Ein perfekt geführter Haushalt ist ein angenehmer Luxus, gutes Familienmanagement eine unverzichtbare Notwendigkeit.

Investieren Sie weniger Energie in den Haushalt und mehr in die Menschen, die darin leben. Die folgenden Anregungen helfen dabei.

Das können Sie tun

Geld ist Zeit. Keine Frage: Wer Geld hat, kann leicht delegieren. Haushaltshilfe, Fensterputzer, Waldorfschule – alles kein Problem. Aber auch Normalverdiener verfügen über erhebliche Gestaltungsspielräume, Geld für Hilfe im Haushalt und bei der Kinderbetreuung auszugeben. Sie müssen ihre Ressourcen nur umlenken: Es ist ja zum Beispiel keineswegs ein Naturgesetz, dass zur Gründung einer Familie der Kauf eines Vans oder der Umzug in das Haus mit Garten gehört. Wer kühl abwägt, was nötig ist, behält auch als Normalverdiener Geld für Putzhilfe und Ganztagskindergarten übrig.

Vereinbaren Sie klare Regeln. Erfolgreiche Unternehmen zeichnen sich durch eine starke Firmenkultur aus: einheitliche Wertvorstellungen, die das gemeinsame Handeln bestimmen. Was für Wirtschaftsunternehmen wesentlicher Bestandteil einer erfolgreichen Geschäftsentwicklung ist, tut auch Familien gut – Vereinbarungen und Regeln, an die sich alle Familienmitglieder halten: Wer später kommt, ruft an. Hausarbeit ist Familiensache. Bei der Familienkonferenz am ersten Samstag im Monat sind alle dabei. Wir verwenden keine Schimpfwörter. Das Taschengeld wird immer am Geburtstag erhöht. Wir meckern nicht am Essen rum und schimpfen nicht bei Tisch. Killerspiele und Gewaltvideos sind bei uns tabu.

Solche Grundsätze geben nicht nur Halt, sie vereinfachen auch den Alltag, weil nicht ständig neu über die Regeln fürs Fernsehen und Zubettgehen diskutiert werden muss.

Sprechen Sie die anderen direkt an. Rufen Sie anderen Familienmitgliedern Ihre Wünsche und Aufträge nicht aus der Küche oder im Vorbeigehen zu. Besonders bei Kindern ist es wichtig, sie direkt anzusprechen, auf gleiche Augenhöhe zu gehen, im Abstand von etwa einer Armlänge, sie anzuschauen und ruhig und bestimmt zu sprechen.

Geben Sie klare Anweisungen. Benennen Sie in der Familie genau wie im Job konkret das Verhalten, das Sie erreichen möchten: »Jakob, ich möchte, dass du nach der Schule deine Schulsachen nach oben bringst und deinen Anorak an die Garderobe hängst.« – »Es ist gleich acht. Laura, mach dich bitte fürs Bett fertig.« Vermeiden Sie Allgemeinplätze (»Kannst du nicht ein bisschen ordentlicher sein?«) und als Fragen verbrämte Aufforderungen (»Möchtest du jetzt bald ins Bett gehen?«).

Gehen Sie mit gutem Beispiel voran. Erfolgreiche Manager leben die Unternehmenskultur mit ihrem Verhalten vor. In der Familie gilt das Gleiche: Wo Kinder immer wieder erleben, dass Papi das Essen lobt und die Eltern zwar streiten, aber sich nicht verletzen, werden ganz automatisch die Tischmanieren besser und der Umgang mit anderen ziviler.

Motivieren Sie. Sagen Sie dem Partner und den Kindern seltener das, was Ihnen missfällt, und viel öfter als bisher das, was Ihnen gefällt: Wie entspannend es für Sie war, dass die Kinder so ruhig zusammen gespielt haben. Wie lieb Sie es finden, dass Immanuel den Holzkorb aufgefüllt hat. Wie gut es war, dass Ihr Partner die Sachen aus der Reinigung mitgebracht hat. Loben Sie ruhig auch Dinge, die Sie eigentlich für selbstverständlich halten. Die Wirkung: Sie fühlen sich besser gelaunt und bestärken Ihre Familie in ihrem positiven Verhalten.

Geld und Gut

Was wir schon immer ahnten, ist jetzt auch wissenschaftlich abgesichert: Geld allein macht auch nicht glücklich. Eine Studie, an der 49 der 100 vermögendsten Amerikaner teilnahmen, ergab: Multimillionäre sind im Durchschnitt keineswegs froher als Normalverdiener. Schuld daran ist das Phänomen der Abnutzung: Auch an die Villa in Malibu, das Privatflugzeug und die Einladung ins Weiße Haus kann man sich gewöhnen. Was weniger Wohlhabenden begehrenswert erscheint, ruft bei den Superreichen keine besonderen Glücksgefühle mehr hervor. Wissenschaftler bezeichnen dieses Phänomen als die »hedonistische Tretmühle«. Egal, wie viel wir haben: Um uns glücklich zu fühlen, brauchen wir immer ein wenig mehr davon.

Trotzdem trägt Geld natürlich zu unserem Wohlbefinden bei. Wer ständig von der Hand in den Mund lebt, kommt nicht zur Ruhe. Ein finanzielles Polster dagegen vermittelt Sicherheit und ein Stück Unabhängigkeit. Wer gut leben und gelassen in die Zukunft blicken möchte, sollte sich deshalb rasch und gezielt ein seinen Möglichkeiten entsprechendes Vermögen aufbauen. Die Chance dafür haben die meisten. Auch wenn das Jahreseinkommen einer hessischen oder sächsischen Durchschnittsfamilie keine großen Sprünge erlaubt – so mancher kleine oder mittlere Betrieb in Deutschland würde sich glücklich schätzen, einen Gewinn in vergleichbarer Höhe zu erzielen.

Das können Sie tun

Bauen Sie Schulden ab. Schulden, Hausschulden ausgenommen, verursachen Stress und Unsicherheit. Das überzogene Girokonto, die auf Raten finanzierte Einbauküche deuten darauf hin, dass jemand über seine Verhältnisse lebt und einen wichtigen Teil seines Lebens nicht im Griff hat.

Nehmen Sie sich Zeit. Die Verwaltung der Familienfinanzen hat es in sich: der Ein- und Ausgabestrom, das Haushaltsbudget, die Hypothek, der Sparplan, die Lebensversicherung, die Kinderkonten, die Altersabsicherung wollen kontrolliert, errechnet, überblickt sein. Das lässt sich nicht mal so eben zwischendurch erledigen. Nehmen Sie sich nicht nur für die Verwaltung Ihres Depots Zeit, denken Sie auch regelmäßig darüber nach, wie Sie langfristig das meiste aus Ihrem Geld machen.

Stellen Sie Ihr Vermögen auf den Prüfstand. Die amerikanischen Marketingspezialisten Thomas J. Stanley und William D. Danko haben eine einfache Faustregel entwickelt, mit der Sie überprüfen können, ob Ihr Vermögen Ihren Möglichkeiten entspricht:

1. Multiplizieren Sie Ihr Brutto-Jahreseinkommen (Gehälter, Kapitalerträge, Kindergeld usw.) mit Ihrem Alter.
2. Teilen Sie das Ergebnis durch zehn.
3. Ziehen Sie davon geerbtes Vermögen und Schenkungen ab.

Das Ergebnis ist Ihr persönlicher Vermögensrichtwert. Etwa so viel Vermögen sollten Sie bei Ihrem Alter und Haushaltseinkommen bis heute aufgebaut haben.

Ein Beispiel: Nina, 36, und Jo, 38, erwirtschaften einschließlich Kindergeld brutto ein jährliches Haushaltseinkommen von 55.000 Euro. 55.000 Euro multipliziert mit 37, dem Durchschnittsalter der beiden, dividiert durch zehn ergibt den Richtwert: 203.500 Euro. Wenn Nina und Jo Geld und Vermögenswerte in etwa dieser Höhe besitzen, haben sie, bezogen auf ihre Alters- und Einkommensgruppe, durchschnittlich viel Vermögen aufgebaut. Wäre ihr Vermögen doppelt so hoch wie der Richtwert, gehörten sie zu den überdurchschnittlich erfolgreichen Vermögensbildern. Wäre es nur halb so hoch oder niedriger, müssten sie sich zu den unterdurchschnittlich erfolgreichen Vermögensbildern in ihrer Alters-/Einkommensgruppe zählen. Errechnen Sie Ihren persönlichen Vermögensrichtwert. Vergleichen Sie das Ergebnis mit Ihrem tatsächlichen Besitz abzüglich Schulden.

Leben Sie unter Ihren Möglichkeiten. Ein hohes Jahreseinkommen ist kein Garant für Wohlstand. Nur wer den Ausgaben mindestens ebenso viel Aufmerksamkeit schenkt wie den Einnahmen, hat die Chance, einen angemessenen finanziellen Rückhalt aufzubauen. Stanley und Danko haben festgestellt: Überdurchschnittlich erfolgreichen Vermögensbildern sieht man ihren Wohlstand nicht an. Das liegt daran, dass sie sich deutlich weniger leisten, als ihr Einkommen erlaubt. Sie konsumieren preisbewusst, legen ihr Geld langfristig an, setzen sich genau festgelegte Sparziele, stellen ein Haushaltsbudget auf, ermutigen ihre Kinder, Ferienjobs anzunehmen, kaufen bevorzugt Jahres- oder Gebrauchtwagen und leben häufig in Wohngebieten, in denen die Grundstücke erschwinglich sind und kein Gruppendruck zu unnötigen Ausgaben verführt.

Leben Sie nach der 10-plus-Prozent-Regel. Sparen Sie nicht, was am Monatsende übrig bleibt. Zahlen Sie lieber am Monatsanfang (mindestens) 10 Prozent Ihres Gehalts automatisch in einen Sparplan ein und geben Sie (höchstens) den restlichen Teil Ihres Einkommens aus.

Kümmern Sie sich um die Ausgaben so intensiv wie um die Einnahmen. Das Gefühl von Sicherheit und finanzieller Unabhängigkeit steigt mit wachsendem Einkommen nicht automatisch an. Während Normalverdiener zwangsläufig mit dem Euro rechnen, neigen Besser- und Doppelverdiener dazu, das Verdiente sorglos auszugeben, weil genug Geld vorhanden ist. Weil sie sich, eingespannt und ausgepowert, oft sonst nichts Gutes tun. Und weil das Leben in der Tat teurer ist, wenn sich niemand hauptamtlich um Haus, Kinder und Finanzen kümmert. Nur: Je mehr Sie sich gönnen, je weniger Sie beiseite legen, desto weniger sind Sie gegen die Wechselfälle des Lebens gewappnet. Desto mehr sind Sie darauf angewiesen, dass Sie sich mit Ihrer Chefin verstehen und Ihre Firma immer schwarze Zahlen schreibt. Desto weniger können Sie es sich leisten,

Forderungen zu stellen, für Ihre Überzeugungen einzustehen oder einen Auftrag auch mal abzulehnen. Desto abhängiger werden Sie davon, auch in Zukunft mindestens so viel zu verdienen wie heute.

»Gut im Griff« heißt für mich:

Welche Anregungen aus diesem Kapitel werden Sie umsetzen? Wann spätestens? Welchem Aspekt Ihres Familien-&-Haushalts-Portfolios werden Sie künftig mehr Aufmerksamkeit schenken?

GUT IM GESCHÄFT
Retten Sie sich vor der Arbeit

>»*Wenn ich noch einmal leben könnte, würde ich von*
>*Frühlingsbeginn an bis in den Spätherbst hinein barfuß gehen.*«
>JORGE LUIS BORGES

Gelegentlich fühle ich mich, als säße ich in einem Hochgeschwindigkeitszug. Das Panorama rauscht an mir vorbei, schneller als ich es erfassen kann. Immer wieder überkommt mich der Wunsch, anzuhalten, ein paar Schritte zu gehen, die Schönheit der Landschaft in mich aufzunehmen. Aber anscheinend sind auf meiner Strecke keine Haltestellen vorgesehen. Ich könnte die Notbremse ziehen und aus dem Zug aussteigen. Aber dann führe er ohne mich weiter. »Es sei denn«, sagte ein Freund, dem ich dieses Bild in meinem Kopf geschildert habe, »du würdest das Steuer übernehmen und selbst bestimmen, wie schnell du fährst und wann du anhältst.«

Ich liebe meine Arbeit. Meistens jedenfalls. Aber ich mag mein entspanntes Urlaubs-Ich entschieden lieber als mein gehetztes Arbeits-Ich. Deshalb probe ich seit einiger Zeit das Zurückschalten. Es stellt sich heraus, dass das gar nicht so leicht ist. Mein Beruf hat mich fest im Griff.

Ich bin sicher, das geht nicht nur mir so. Egal, ob wir unsere Arbeit mögen oder nicht – sie spielt eine Hauptrolle in unserem Tun und Denken. Umso wichtiger ist es, dass wir gut mit ihr leben können.

Ziehen Sie Bilanz: Ihr Arbeitsportfolio

Was ist zurzeit Ihre Hauptaufgabe im Leben: Ihr Job, die Firma, die Sie gerade gründen, das Unternehmen Erziehung, Ihr Studium, Ihre Umschulung? Wie zufrieden sind Sie mit diesem Teil Ihres Lebens? Wo liegen seine Stärken, wo seine Schwächen? Bedeutet Ihnen Ihre Arbeit mehr Lust oder mehr Frust?

Listen Sie auf, mit welchen Aspekten Ihrer Arbeit Sie sich gedanklich auseinander setzen möchten, und zeichnen Sie sie in das Arbeitsportfolio ein. Überlegen Sie für jede Facette Ihres Arbeitslebens: Wie wichtig ist dieser Aspekt für mich? Wie gut kann ich ihn momentan verwirklichen? Wie viel zeitliche, emotionale, finanzielle Energie wende ich dafür auf? Wie erfolgreich bin ich in diesem Punkt – bezogen auf das, was ich leiste?

Mögliche Portfolio-Elemente sind zum Beispiel:

Anerkennung	Kunden
Ansehen, Prestige	Kreativität
Arbeitsumfeld	Persönliche Entwicklung
Arbeitszeit	Sicherheit
Arbeitsaufgaben	Sinn
Aufstiegschancen	Soziale Kontakte
Auftragslage (wenn Sie selbständig sind)	Spaß
	»Unter die Leute zu kommen«
Betriebsklima	
Chef/in	Verantwortung
Gefühl, nützlich zu sein	Weiterbildung, »am Ball bleiben«
Geld (Gehalt, Honorar, Umsatz)	
	Zeiteinteilung
Gestaltungsfreiraum	Zugehörigkeit
Identität	
Kollegen	
Konkurrenz, Wettbewerb	

Wie zufrieden sind Sie mit Ihrem Arbeitsportfolio? Welche Portfolio-Elemente würden Sie gern verbessern? Wo wirkt sich Ihr innerer Antreiber störend aus? Zeichnen Sie Ihre Zielvorstellungen in das Arbeitsportfolio ein – ziehen Sie Pfeile, streichen Sie Elemente weg, fügen Sie neue ein, vergrößern oder verkleinern Sie Umrandungen.

Erfolg ist sexy

... und Macht macht an. Es baut auf, den neuen Prototypen auf der Messe vorzustellen, einen begehrten Auftrag zu akquirieren, neue Ideen zu entwickeln, eine fulminante Präsentation hinzulegen, einen unmöglichen Termin einzuhalten, einen schwierigen Kunden zufrieden zu stellen. Und es stimuliert keineswegs nur intellektuell, die Lebensgefährtin mit dem siegreichen Aufstieg ins Führungsteam zu überraschen, dem Partner den Ablauf des begeistert aufgenommenen Vortrags in allen Einzelheiten auszumalen. Unsere Arbeit ist zentraler Schlüssel zu Selbstachtung, Status, Erfolg und Erfüllung.

Der Glücksforscher Csikszentmihalyi hat festgestellt: Erwachsene erleben *flow*, das Hochgefühl, ganz in eine Aufgabe einzutauchen, häufiger bei der Arbeit als in der Freizeit. Das trifft in besonderem Maße auf Menschen in kreativen Berufen zu: Wissenschaftler, Werbetexter, Opernsängerinnen, Webdesigner. Aber auch Handwerker, Verkäuferinnen und Finanzbeamte kennen das Gefühl, in ihrer Arbeit aufzugehen. Faszination und Freude an der Arbeit sind nicht das Privileg weniger vom Schicksal begünstigter.

▶ **Auf die Psyche wirkt Leistung wie ein lang anhaltender Adrenalinstoß.**

Wenn unser Tun uns gefangen nimmt, mixt unser Gehirn einen berauschenden Belohnungscocktail aus Hormonen, vor allem Endorphinen. Die Voraussetzungen dafür sind am Arbeitsplatz eher gegeben als in der Freizeit. Die Regeln im Job gleichen nämlich in vieler Hinsicht denen eines kniffligen Gesellschaftsspiels: Die Ziele sind klar festgelegt, Erfolg und Misserfolg messbar, Sieger und Verlierer deutlich erkennbar, Aufgabe und Können passen in der Regel zusammen.

Allerdings: Je (heraus-)fordernder der Job, je besser das Klima am Arbeitsplatz, desto mehr gerät das Privatleben ins Hintertreffen. Das Zuhause verkommt zum Boxenstopp, Familie und Freunde verblassen zu Komparsen am Bühnenrand. Wer mit seiner Arbeit »verheiratet« ist, braucht und sucht keine Bestätigung und Erfüllung jenseits des Berufs.

»Du willst nicht mehr fernsehen, willst kaum noch was machen«, schildert die Drehbuchautorin Ulrike Münch in einem Interview mit der *Süd-*

deutschen Zeitung die Auswirkung ihrer Arbeit auf den Rest ihres Lebens. Wenn sich die Termine häufen, die Kunden drängen und die Konkurrenz nicht schläft, fallen die kaputte Waschmaschine, der Elternabend, das Familientreffen und womöglich sogar der eigene Hochzeitstag als Zeiträuber zur Last. Wir sind gereizt, wenn uns Familie, Haus und Freunde seelische Energie abverlangen, die wir dringend für die Arbeit zu brauchen glauben.

▶ **Aus Arbeitslust wird Arbeitssucht.**

Glücklich sind wir nicht, wenn der Job das Leben beiseite schiebt. Denn bei allem beruflichen Engagement wünschen wir uns ein buntes, vielfältiges Leben. Wenn Sie, wie die meisten Menschen, Familie und Gesundheit für das Wichtigste in Ihrem Leben halten, darf die Arbeit nicht immer die erste Geige spielen.

Testen Sie sich: Wie wichtig nehmen Sie die Arbeit?

Mit der folgenden Checkliste können Sie überprüfen, wie wichtig Sie die Arbeit nehmen. Kreuzen Sie die Aussagen an, die auf Sie zutreffen.

○ In meinem Lebensportfolio ist die Arbeit der Haupt-Star.

○ Ich spreche am liebsten über meine Arbeit.

○ Wenn wichtige Projekte anstehen, kann ich abends nur schwer einschlafen.

○ Für Freunde und Verwandte habe ich wenig Zeit.

○ Ich arbeite häufig im Bett, am Wochenende, im Garten, im Urlaub.

○ Wenn viel zu tun ist, ernähre ich mich hauptsächlich von Kaffee und Schokoriegeln.

○ Manchmal ärgere ich mich über die Langsamkeit und Unbeweglichkeit meiner Kollegen.

○ Ich bin ehrgeizig und wettbewerbsorientiert.

○ Ich schaue gelegentlich am Wochenende ins Büro. Als Tarnung nehme ich die Sporttasche mit.

○ Manchmal ziehe ich die Ruhe im Büro dem Chaos zu Hause vor.

○ Ich schiebe gelegentlich meine Arbeit vor, um privaten Konflikten auszuweichen.

○ Freizeit ist mir nicht so wichtig.

Je mehr Kreuzchen Sie gemacht haben, desto mehr gehen Sie in Ihrer Arbeit auf. Möglicherweise lässt Ihre Arbeitseuphorie andere Lebensinhalte verkümmern. Denken Sie darüber nach, wie Sie einen Ausgleich zum Job schaffen können.

Das können Sie tun

Fangen Sie mit kleinen Schritten an. Gönnen Sie sich Minipausen, um aus dem Fenster zu schauen, eine private E-Mail zu schreiben, einen Espresso zu genießen. Übernehmen Sie nicht wahllos jede Aufgabe, nur weil sie sich als »dringend« oder »brandheiß« wichtig macht. Wenn Sie zurzeit viele Überstunden machen, gehen Sie täglich eine Viertelstunde früher nach Hause als bisher.

Schaffen Sie Übergangsrituale. Beruflich sind wir voll da. Zu Hause stehen wir oft neben uns, befinden uns weder hier noch dort. Das hat unsere Familie nicht verdient. Zelebrieren Sie deshalb Rituale, die Ihnen beim Ab- und Umschalten helfen. Vereinbaren Sie mit Ihrer Familie, dass Sie nach dem Nachhausekommen als Erstes unter die Dusche gehen, aufs Laufband, mit den Kindern auf den Spielplatz oder mit dem Hund um den Block. Ziehen Sie sich eine Viertelstunde mit einem Milchkaffee und einer Frauenzeitschrift zurück. Oder entspannen Sie sich beim Kochen – nicht um die hungrige Meute abzufüttern, sondern weil Sie dabei gut abschalten können.

Übergangsrituale nannte der französische Ethnologe Arnold van Gennep (1873–1957) solche Gewohnheiten, die einen Zustandswechsel begleiten. Am Ende eines langen Arbeitstages helfen sie uns, nicht nur mit dem Körper, sondern auch mit den Gedanken zu Hause anzukommen.

Trennen Sie Arbeit und Freizeit. Das Handy ist immer dabei, der Laptop stets zur Hand, das Projekt selbst am Wochenende Dreh- und Angelpunkt der Gedanken – die Arbeit macht vor der Freizeit nicht Halt. *Spillover* nennen Wissenschaftler diesen Effekt, der das Familien- und Privatleben an den Rand drängt. Dem können Sie entgegenwirken:

- Nehmen Sie keine Arbeit mit nach Hause.
- Halten Sie sich wenigstens den Sonntag grundsätzlich frei.
- Checken Sie im Urlaub die Mailbox höchstens einmal täglich.
- Verbannen Sie Fachliteratur aus dem Wohnzimmer.
- Arbeiten Sie nicht beim Essen oder im Bett.
- Lassen Sie Ihre Familie an Ihrer Arbeit teilhaben. Aber machen Sie den Job zu Hause und in der Freizeit nicht ständig und bei jeder Gelegenheit zum Thema.

Planen Sie private Termine fest ein. Man muss sich Zeit nehmen, um das Leben genießen zu können. Planen Sie deshalb den Konzertbesuch oder die wöchentliche Aerobicstunde genauso fest – und unverrückbar! – in Ihrem Terminkalender ein wie den Kundentermin oder das Geschäftsessen.

Legen Sie das Leben nicht auf Wiedervorlage. Machen Sie sich täglich klar: Das Leben findet heute statt. Wenn der Urlaub beginnt, ist die Monet-Ausstellung abgelaufen. Nach Projektabschluss ist der Sommer vorbei. Im Ruhestand sind die Kinder erwachsen, und die Träume verblasst. Pflegen Sie Ihre Interessen und Neigungen deshalb schon jetzt. Stehen Sie morgens eine Viertelstunde früher auf und spielen Sie Klavier. Lesen Sie auf der Fahrt zur Arbeit ein Goethegedicht anstelle des Geschäftsberichts. Sagen Sie nicht »Wir waren schon lange nicht mehr im Kino«, bestellen Sie die Karten vor.

Frohes Schaffen!

Anna, 28, ist Übersetzerin mit den Spezialgebieten Recht und Verwaltung. Während des Studiums hatte sie hochfliegende Pläne: Am liebsten wollte sie für ein paar Jahre ins Ausland gehen und für eine internationale Organisation arbeiten. Dann lernte sie im letzten Studienjahr Matthias kennen, der gerade in der Facharztausbildung steckte. Anna landete »fürs Erste«, wie sie nicht müde wird zu betonen, in einer Agentur, die auf die Übersetzung von technischer Dokumentation spezialisiert ist. Inzwischen wohnen Anna und Matthias zusammen, und Anna übersetzt immer noch Gebrauchsanleitungen und Produktankündigungen. Die Agentur läuft gut, Anna verdient nicht schlecht, und adäquate Stellen für Übersetzerinnen im nahen Umkreis sind rar. Spaß macht Anna der Job trotzdem nicht. Sie findet die Texte, die sie bearbeitet, langweilig und sprachlich reizlos. »Wenn es eine Alternative gäbe, würde ich auf der Stelle kündigen«, sagt sie lustlos. »Hätte ich bloß etwas anderes studiert.«

Arbeitsfrust kann viele Gründe haben: Angst vor dem Verlust des Arbeitsplatzes, Probleme mit Vorgesetzten und Kollegen, unfreundliche, nervtötende Kunden, Unterforderung, Überforderung, mangelnde Wertschätzung, wenig Entscheidungsfreiheit oder eben, wie bei Anna, die Enttäuschung über eine als unbefriedigend erlebte Aufgabe.

Arbeitsfrust hat einen hohen Preis:

Erstens: Wer seine Arbeit als sinnlos, öde oder emotional belastend empfindet, hat wenig Freude an den besten Stunden des Tages. Dieses Manko können auch Geld und Sicherheit nicht ausgleichen.

Zweitens: Wer sich unzufrieden fühlt und keine Lösung für seine Probleme findet, wird anfälliger für psychosomatische Erkrankungen und psychische Störungen.

Drittens: Die Bitterkeit über mangelnde Aufstiegschancen und lähmende Routine wuchert in das Privatleben hinein. Die amerikanischen Wissenschaftler Bartolomé und Evans führten in den 1980er-Jahren eine Studie an über zweitausend Führungskräften und ihren Familien durch. Das Ergebnis ist heute so zutreffend wie vor zwanzig Jahren: »Manager, die im Job unzufrieden sind, haben kaum eine Chance auf ein glückliches Familienleben.«

Arbeitsfrust ist kein Schicksal. Es steht uns frei, nach einem neuen Job zu suchen. Häufig sind solche radikalen Veränderungen aber gar nicht erforderlich. Auch wenn der Job nicht perfekt ist, gibt es viele gute Möglichkeiten, mehr Freude an der Arbeit zu gewinnen.

Eine finnische Legende weist den Weg: Zwei Steinmetze arbeiten an Granitquadern. Im Vorbeigehen fragt sie ein Passant, was sie da tun. »Das sehen Sie doch«, sagt der eine Steinmetz gelangweilt, ohne den Blick zu heben. »Ich spalte den Granit in Würfel.« Der andere freut sich über das Interesse: »Ich arbeite am Bau einer Kathedrale mit.«

■ Das können Sie tun

Werden Sie aktiv. Unsere Lebensqualität hängt auch von einer erfüllenden Arbeit ab. Nehmen Sie deshalb Arbeitsfrust nicht einfach so hin. Analysieren Sie Ihr Arbeitsportfolio: Welche Portfolio-Elemente außer Geld befinden sich im »grünen Bereich«, zählen zu den Stars, Selbstläufern und Aufsteigern? Sind die positiven Portfolio-Elemente stark genug, die negativen auszugleichen?

Falls ja: Was können Sie tun, um die negativen Elemente zu verbessern? Falls nein: Was hindert Sie, einen neuen Job zu suchen? Dass draußen die Arbeitslosigkeit wartet? Oder die Scheu, Bewerbungen zu schreiben, weniger zu verdienen, umzuziehen, einen Neuanfang zu wagen, die betriebliche Altersversorgung aufs Spiel zu setzen?

So oder so: Legen Sie Ihre Ziele fest – und entwickeln Sie einen Plan, wie Sie sie umsetzen können.

Gestalten Sie Ihre Arbeit interessant. Sie finden Ihren Job nicht eben spannend? Die Stimmung im Team ist gereizt? Sie können Ihre Spezialkenntnisse aus dem Studium oder der Ausbildung nicht einbringen? In dieser Situation können Sie resignieren. Oder Sie können Verantwortung für das Betriebsklima, den Unternehmenserfolg, Ihre persönliche Erfüllung übernehmen, und zwar mit jeder kleinen Entscheidung: Fertige ich den Kunden, den Gast, den Patienten ab oder helfe ich ihm weiter? Übersetze ich den inhaltlich langweiligen Text lieblos runter oder bemühe ich mich um die klarste, verständlichste Formulierung? Lästere ich über die veraltete Software oder gleiche ich Mängel durch ein selbst geschriebenes Makro aus? Ärgere ich mich über die endlos dauernde Besprechung oder notiere ich die verschiedenen Optionen für alle sichtbar am Flipchart? Stimme ich in das Nörgeln der Kollegen ein oder lenke ich das Gespräch bewusst auf ein erfreulicheres Thema?

Wer beharrlich nach Wegen sucht, mehr zu leisten, hat automatisch mehr Freude am Job – und fast immer auch mehr Erfolg.

Sagen Sie »Ich werde« statt »Ich muss«. Unliebsame Aufgaben gibt es in jedem Job: Anträge schreiben, Unterlagen kopieren, die Ablage machen, unerfreuliche Telefonate führen. Je mehr Sie sich dagegen sperren, desto mehr Energie verwenden Sie darauf. Akzeptieren Sie, was sich nicht ändern lässt, und bringen Sie die Sache ohne inneres Nein hinter sich – sachlich, nüchtern, professionell.

Stärken Sie Ihre Identifikation mit dem Unternehmen. Wer keinen Spaß am Job hat, identifiziert sich auch selten mit seinem Unternehmen. Dagegen lässt sich einiges tun:

- Vermeiden Sie Klatsch und Tratsch. Statt in die Klagen der Kollegen über die Launen des Chefs oder die unsinnige Umorganisation einzustimmen, bringen Sie das Gespräch und die Gedanken lieber auf den Urlaub, das Stadtfest oder den neuesten Kinohit.
- Suchen Sie anfangs gelegentlich, später immer öfter das Gespräch mit Kollegen, denen die Arbeit Freude macht.
- Erzählen Sie zu Hause und im Bekanntenkreis möglichst Positives aus Ihrer Firma. Schildern Sie Aspekte Ihrer Arbeit, die Ihnen zuwider sind, sachlich-neutral.
- Verfolgen Sie regelmäßig Presseberichte über Ihre Firma.
- Wenn Ihr Unternehmen an der Börse notiert ist, kaufen Sie Belegschaftsaktien.

Arbeit und der Rest vom Leben

Wer Arbeit hat, kann sich vor (der) Arbeit oft kaum mehr retten. Objektiv arbeiten wir zwar weniger Stunden als je zuvor: 1.600 Stunden im Jahr halten die Westdeutschen sich durchschnittlich im Büro auf, 1.700 Stunden die Ostdeutschen – gerade mal ein Viertel der Wachstunden, wenn man von gut sieben Stunden Schlaf ausgeht. Subjektiv jedoch haben wir oft das Gefühl, dass die Arbeit unser Leben beherrscht.

Zum Teil liegt das an den beruflichen Zeitzwängen: Wir haben zwar reichlich Urlaub. Aber während der dicht gedrängten Arbeitswoche führen lange Fahrzeiten, berufliche Verpflichtungen bis in den Abend hinein und der Zeitaufwand rund um den Job – die Fachliteratur, das perfekte Make-up, der Zwang, stets informiert, entspannt und gut gestylt zu wirken – bei vielen dazu, dass Familienleben nur am Rand stattfindet. Morgens, wenn die Zeit drängt. Und abends, wenn uns die Lust auf die Lust vergangen ist.

Vor allem aber ist es schwer, den Job in der Freizeit aus den Gedanken zu verbannen – weil wir uns über den Beruf definieren. Weil Kopfarbeit zwar weniger anstrengt als Knochenarbeit, uns dafür aber noch im Schlaf verfolgt. Weil die Anforderungen an Innovation, Schnelligkeit und Professionalität steigen und in immer mehr Jobs Einfallsreichtum statt Erfahrung gefragt ist. Wenn die Produktlebenszyklen kürzer werden und die Umorganisationen, Reformen und Fusionen einander jagen, ist es nicht mehr damit getan, gelegentlich, in besonders heißen Phasen dem Job Vorrang einzuräumen und in der übrigen Zeit routiniert seine Arbeit zu tun. Wer Tag für Tag dynamisch und kreativ am Ball bleiben muss, wer sich nie eine Schwäche, einen Durchhänger erlauben darf, hat für den Rest vom Leben keinen Kopf.

▶ **Wir arbeiten gern. Aber wir hätten gern mehr Zeit zu leben.**

Vor allem möchten wir das Familienleben und den Beruf besser miteinander vereinbaren. Und zwar heute, nicht erst in zehn Jahren, wenn Politik und Wirtschaft vielleicht neue Strukturen erdacht haben. So lange können wir nicht warten. Deshalb bleibt uns nichts anderes übrig, als selbst für eine bessere Balance zwischen Job und Privatleben zu sorgen. Der Trend geht nämlich momentan nicht zu weniger Arbeit, sondern eher zu mehr. In den USA redet man immer seltener vom Nine-to-five-Job und immer öfter von der 24/7-Verfügbarkeit: ständige Erreichbarkeit rund um die Uhr, vierundzwanzig Stunden am Tag, sieben Tage die Woche. Wir werden deshalb zwar nicht mehr Stunden als bisher im Büro verbringen, aber immer mehr Leute werden noch öfter als bisher an den Job *denken*.

Der Terror der Angst

Spätestens dann sind die im Vorteil, die sich ihr Leben mit der Arbeit, aber nicht für die Arbeit einrichten. Die selbstbewusst ihre Wünsche nach Gleitzeit, Teilzeit und Auszeit anmelden. Die Jobs und Projekte danach aussuchen, ob sie zu ihren Idealen, ihren Talenten und ihren Vorstellungen von einem guten Leben passen. Die den Mut und die innere Stärke besitzen, auch mal nein zu Dienstreisen, Überstunden, vielleicht sogar zum nächsten Karriereschritt zu sagen. Die sich all das erlauben können, weil sie sich ihre Unabhängigkeit bewahrt haben, innerlich und finanziell.

»Die menschliche Würde ist hier zu Lande immer noch wesentlich über die Arbeit vermittelt«, stellt der Sozialforscher Oskar Negt fest. Umgekehrt gehört, wer keine Arbeit hat, nicht dazu, gilt als unnütz, wertlos und irgendwie suspekt. Kein Wunder, dass viele Menschen nichts so sehr fürchten wie den Verlust des Arbeitsplatzes. Diese Sorge plagt nicht nur Metallarbeiter, Bergleute und Sekretärinnen, diese Angst geht auch in den Chefetagen, den Bankhochhäusern und den Lofts der ramponierten New Economy um: die Furcht, mit dem Job all das zu verlieren, was den eigenen Wert, das eigene Selbstverständnis ausmacht.

Aus Angst vor Abstieg und Bedeutungslosigkeit gehorchen wir den ungeschriebenen Gesetzen, verschieben den Urlaub, geben vor, Elf-Stunden-Tage selbstverständlich zu finden. Wer nicht mitspielt, ist draußen. Es sei denn, jemand ist stark genug, die Regeln selbst bestimmen zu können. Wie Stefan.

Unabhängigkeit ist aller Wünsche Anfang

Stefan, 29, hat vor drei Jahren sein Informatikstudium als einer der Besten seines Jahrgangs abgeschlossen. Er wünscht sich beruflichen Erfolg, ganz klar. Auf ein glückliches Privatleben möchte er dafür aber nicht verzichten. Das sagen viele, aber Stefan hat sein Ziel von Anfang an konsequent verfolgt: Kurz nach dem Studium heuerte er im Gegensatz zu fast allen Studienkollegen weder bei einem Großkonzern an noch bei einem der damals hoch im Kurs stehenden Internet-Startups, sondern bei einer kleinen TV-Produktionsfirma, die in die Entwicklung von branchenspezifischer Software einsteigen wollte. Das Unternehmen konnte Stefan zwar weder ein 14. Monatsgehalt noch Aktienoptionen bieten, aber als einziger Informatiker in der Firma war und ist er der Kopf des Vorhabens. Deshalb konnte Stefan, der seit ein paar Monaten Vater ist, kürzlich Arbeitsbedingungen aushandeln, von denen andere träumen: dreißig Wochenstunden bei nahezu freier Zeiteinteilung, ohne nennenswerte Gehaltseinbuße. Wer sich eine Position der Stärke aufbaut, tritt im Unternehmen nicht als Bittsteller, sondern als Verhandlungspartner auf. Hier sind einige Anregungen, wie Sie die Abhängigkeitsfalle vermeiden.

Das können Sie tun

Erhöhen Sie Ihren Marktwert. Auf dem Arbeitsmarkt ist es wie auf dem Bauernmarkt: Was rar ist und gefragt, genießt besonders hohe Wertschätzung. Bauen Sie deshalb Stärken auf, die nicht jeder vorweisen kann. Die Steuergehilfin, die als Einzige mit den Feinheiten der neuen Bilanzsoftware klarkommt, die Produkt-Designerin, die im Gegensatz zu ihren Kollegen schon mehrere Wettbewerbe gewonnen hat, der Physiotherapeut mit den vielen Stammkunden sind nicht ohne weiteres zu ersetzen.

Ihr Know-how, Ihre Kontakte sind Ihr Kapital. Je mehr Sie davon haben, desto souveräner können Sie persönliche Wünsche anmelden, desto sicherer werden Sie sich fühlen. Macher haben es nicht nötig, alles mit sich machen zu lassen.

Testen Sie Ihren Marktwert. Die eigenen Möglichkeiten zu kennen vermittelt Sicherheit. Starten Sie deshalb alle zwei, drei Jahre eine Bewerbungsoffensive. Auch wenn Sie nicht im Traum daran denken, sich zu verändern – das Wissen, gefragt zu sein, stärkt Ihr Selbstbewusstsein und Ihre Verhandlungsposition.

Machen Sie für Geld nicht alles. Wer unabhängig sein will, darf seine Freiheit nicht verpfänden, auch nicht die finanzielle. Kalkulieren Sie bei der Finanzierung der Doppelhaushälfte deshalb nicht die Gehaltserhöhungen und Sonderzahlungen ein, mit denen Sie in den nächsten zehn Jahren rechnen. Bauen Sie lieber gar nicht oder eine Nummer kleiner – dann haben Sie es nicht nötig, sich im Büro zu ducken und zu fügen. Nur, weil Sie jeden Euro dringend brauchen.

Spitzenrestaurants haben eine kleine Speisekarte

»Es ist eitel, etwas mit mehr zu erreichen, was mit weniger zu erreichen möglich ist«, erkannte bereits der englische Philosoph William von Ockham (1285–1349). Heute hat das Prinzip der Einfachheit erneut Konjunktur: Unternehmen wie Aldi, Porsche, Ikea und Coca-Cola strotzen vor Kraft, weil sie ihre Produktlinie, ihr Sortiment, ihr Geschäftsfeld absichtlich begrenzen. Dank einer strikten Konzentration auf das Wesentliche überzeugen sie durch Eindeutigkeit und ein klares Profil. Kann es sein, dass Erfolg auch ohne Reibung, Wind und Wirbel möglich ist? Es sieht ganz so aus.

> ▶ Oft lässt sich mit weniger Aufwand
> eine höhere Leistungsqualität erzielen.

Ein Beispiel: Lena und Franziska halten gelegentlich gemeinsam Seminare über Organisation und Zeitmanagement. Lena sieht den Seminartagen immer mit einem gewissen Unbehagen entgegen. Während ihr, der promovierten Psychologin, die Welt der Großunternehmen eher fremd ist, kennt Franziska als erfahrene Marketing-Spezialistin die Arbeitsabläufe und Konflikte in den Unternehmen und kann im Seminar kompetent darauf eingehen. Lena wendet deshalb viel Zeit dafür auf, ihre vermeintliche Praxisferne durch eine akribische Vorbereitung wettzumachen. Trotzdem ist sie während des Seminars oft von Selbstzweifeln geplagt. Ihre Angst, nicht gut genug zu sein, verstellt ihr den Blick dafür, dass sie die heiklen Rollenspiele im Seminar wesentlich besser betreut als ihre Partnerin. Statt ihre wechselseitigen Vorzüge auszuspielen, setzen Lena und Franziska einander unter Druck. Den Seminarteilnehmern bleibt die unterschwellige Konkurrenz der beiden nicht verborgen.

Katja und Wolfgang standen vor einem ähnlichen Problem. Beide betreuen als Herausgeber gemeinsam eine Buchreihe über Internet und E-Business. Nach ersten Anfangsschwierigkeiten war klar: Wolfgang gelingt, was Katja schwer fällt: Im Finden und Gewinnen neuer Autoren ist er ein Ass. Katja erkennt Wolfgangs Kontaktgenie neidlos an. Ihre eigenen Stärken liegen auf einem anderen Gebiet: Im Gegensatz zu Wolfgang versteht sie es, umständliche Formulierungen präzise zuzuspitzen. Diese Fähigkeit wissen auch die Autoren zu schätzen.

Lena macht sich das Leben schwer und gleicht ihre Schwächen aus. Katja macht es sich leicht und bringt ihre Stärken ein. Der Erfolg gibt Katja Recht. Weil sie sich auf ihre ureigene Begabung besinnt, erreicht sie mit wenig Aufwand viel. Das nützt ihr und dem Projekt.

Mühsam Erarbeitetes erscheint uns oft wertvoller als leicht Erreichbares. Deshalb machen wir uns das Leben schwer. Dabei übersehen wir:

▶ **Um gut zu sein, müssen wir weder alles können noch überall mitmischen.**

Der Unternehmensberater und ehemalige Aldi-Geschäftsführer Dieter Brandes verdeutlicht das Prinzip mit einem einprägsamen Bild: »Spitzenrestaurants haben eine kleine Speisekarte.«

Manche Unternehmen fördern übrigens die Einzigartigkeit ihrer Mitarbeiter von sich aus. *Diversity Management* heißt die neue Personalstrategie, die unterschiedliche Denk- und Arbeitsweisen, Lebensstile, Bedürfnisse und Glaubensrichtungen der Mitarbeiter nicht nur anerkennt, sondern als Ressource für das Unternehmen nutzbar macht.

Mut zur Lücke

Wer sich anstrengt und bis zum Umfallen verausgabt, erreicht zumindest eines: ein gutes Gewissen. Die Gewissheit, alles Menschenmögliche getan zu haben, beruhigt. Aber so richtig weiter bringt sie uns nicht.

Ich erlebe das jeden Tag am eigenen Leib. Schreiben ist nichts für Feiglinge. Wer einen Text verfasst, tappt im Dunkeln – ohne Rückversicherung, dass das Geschriebene gut ist und gut ankommen wird. An manchen Tagen bewirkt diese Unsicherheit, dass ich formuliere, streiche, umschreibe, verwerfe, wieder ganz von vorn anfange ... um am Ende eines Arbeitstages gerade mal zwei Seiten vorweisen zu können, die meinem Perfektionsanspruch auch wieder nur zum Teil genügen. Gut fürs Geschäft ist das nicht. Aber zumindest kann niemand behaupten, ich hätte es mir leicht gemacht. Dabei weiß ich genau: Ich arbeite viel stressfreier und produktiver, wenn ich meinen Gedanken freien Lauf lasse. Auch wenn sie erst mal nicht perfekt choreographiert antanzen. Zurechtrücken, feilen und polieren kann ich später immer noch.

▶ Wer gut im Job sein will, darf nicht perfekt sein wollen.

Ob ein Vorschlag Anklang findet, eine Strategie greift, ein Konzept einschlägt, zeigt sich immer erst hinterher, bei der Anwendung, beim praktischen Einsatz. Wir wissen selten in der Planungsphase, ob sich der Aufwand, den wir in ein Projekt stecken, später bezahlt macht. Hinzu kommt: Die rasende Gesellschaft erwartet rasche, pragmatische Lösungen.

▶ Wer länger braucht, weil er nach der Ideallösung sucht,
läuft fixeren Konkurrenten hinterher.

Sobald ein durchdachtes Konzept vorliegt, gilt es daher, beherzt zu handeln, schnell zu sein, auszuprobieren, ob der geplante Ansatz in der Praxis funktioniert. Auch auf die Gefahr hin, anzuecken oder zwischendurch mal auf die Nase zu fallen. Diese Unsicherheit können wir nämlich ohnehin nicht ausschließen. Selbst wenn wir alle Eventualitäten bedenken, die komplette Fachliteratur auswerten, eine Neuerung bis zur Erschöpfung besprechen und analysieren – ein Restrisiko bleibt immer.

Sicher ist nur eines: Perfektion im Job kostet Zeit und Energie, die uns im Privatleben fehlen. Ein gutes Ergebnis gewährleistet sie uns nicht.

Das können Sie tun

Machen Sie gleich am Anfang einen guten Eindruck. Eindrücke werden in Sekundenbruchteilen gebildet und halten meistens lange vor. Geben Sie sich deshalb beim Kennenlernen, in der Probezeit, in der ersten Phase der Zusammenarbeit besonders viel Mühe. Ein schlechter erster Eindruck lässt sich zwar später meistens zurechtrücken, aber wer sich reichlich Vorschusslorbeeren erworben hat, arbeitet insgesamt unbelasteter und weniger gestresst.

Jeder für sich und alle gemeinsam. Übernehmen Sie möglichst oft Aufgaben, bei denen Sie mühelos brillieren – und überlassen Sie dort, wo Ihre Schwächen liegen, neidlos Ihren Partnern, Kolleginnen oder sogar Konkurrenten das Rampenlicht. Der Vorteil für Sie: mehr Profil, mehr Glaubwürdigkeit, weniger Stress. Sie arbeiten unangestrengt und besser. Ein schlechtes Gewissen brauchen Sie deswegen nicht zu haben. Wenn jeder bevorzugt seine speziellen Stärken einbringt, kommt das auch der Firma und dem Betriebsklima zugute.

Dosieren Sie den Einsatz. Sportler teilen sich ihre Kraft überlegt ein, erst recht auf der Langstrecke. Und sie unterscheiden zwischen Trainings- und Turniertagen. Übertragen auf den Job heißt das: Gehen Sie nicht bis an die Leistungsgrenze. Idealerweise kommen Sie an normalen Arbeitstagen mit etwa sechzig Prozent Ihrer Kraft aus. Mehr Energie investieren Sie nur, wenn es wirklich darauf ankommt: bei der Präsentation, im Assessment-Center, in der Probezeit, beim Kundengespräch, kurz vor der Messe.

Sitzfleisch oder Stehvermögen. Den stärksten Einfluss auf das berufliche Fortkommen hat die Wochenarbeitszeit, stellte der Ökonom Udo Burchard fest, als er für eine Studie 337 Abteilungs- und Gruppenleiter aus elf Großunternehmen befragte, welche Faktoren die Karriere bestimmen. Immer noch gilt Anwesenheit als Beleg für Loyalität und Leistungsbereitschaft. Nur wer Vollzeit arbeitet – es darf auch gern ein bisschen mehr sein –, ist voll da. Andererseits: Persönlich habe ich die Erfahrung gemacht, dass es durchaus anders geht. Nach dem Studium habe ich als technische Redakteurin für ein Softwareunternehmen gearbeitet, das eine großzügige Gleitzeitregelung anbot. Das war wichtig für mich, denn ich wollte neben dem Job meine Doktorarbeit abschließen. Für Überstunden, nur um mich zu profilieren, hatte ich wirklich keine Zeit. Leider wollte mein damaliger Chef seine Mitarbeiter gern bis in den Abend hinein um sich wissen. Für ihn gehörten Überstunden einfach dazu, er konnte meine Haltung nicht verstehen. Wir sind deshalb mehr als einmal aneinander geraten. Aber als ich mich selbständig machte, kam von ihm der erste große Auftrag.

Tun Sie nicht, was alle tun. Probieren Sie aus, was geht, und finden Sie Ihren eigenen Weg.

Bestimmen Sie den Grad der Perfektion. Zum Abschluss noch ein Tipp speziell für Leistungsperfektionisten: Legen Sie für wichtige und wiederkehrende Aufgaben genau fest, wie perfekt Sie sie erledigen wollen. Zu 60

Prozent? Zu 75? Zu 95? Denken Sie immer wieder an das Pareto-Prinzip: Häufig reicht ein Einsatz von 20 Prozent, um 80 Prozent der Leistung zu erzielen. Zumindest für Routineaufgaben sollte so viel Perfektion genügen.

Höher, schneller, weiter?

»Darum geht es: Man muss immer die nächste Sprosse anpeilen, so verrückt das klingen mag«, befand der ehemalige Chrysler-Chef Lee Iacocca in seiner Autobiographie *Mein amerikanischer Traum*. Geht es darum wirklich? Besteht der Sinn unseres Lebens darin, voranzukommen, auf der Karriereleiter nach oben zu klettern, der Diktatur des ewigen *größer, schneller, weiter* zu gehorchen? Macht es glücklicher, Arbeitsamtdirektorin zu sein statt Berufsberaterin? Senior Team Assistant statt Junior Team Assistant? Bundeskanzler statt Ministerpräsident? Es kommt darauf an. Auf den Menschen, der Sie sind. Auf Ihr Können, Ihre Interessen, Ihre Überzeugungen. Sie bestimmen den Weg, der für Sie der richtige ist.

Die amerikanischen Wissenschaftler Bartolomé und Evans haben herausgefunden, dass der Job, der zu einem passt, drei Bedingungen erfüllt.

1. Der Job lässt sich mühelos meistern. Sie haben nach der Einarbeitung das gute Gefühl, Ihrer Arbeit gewachsen zu sein und auftretende Probleme souverän zu lösen. Das Anspruchsniveau ist hoch, ohne Sie zu überfordern.

2. Der Job macht Spaß. Er erlaubt Ihnen zu tun, was Sie gern tun, und lässt Ihnen trotzdem genug Energie, das Leben zu genießen. Leider geht mit dem Zuwachs an Verantwortung und Ansehen oft der Spaß an der Arbeit verloren. Der Grund: Häufig entrückt uns ein Aufstieg unseren eigenen Urmotiven. Statt zu entwickeln, zu heilen oder zu verkaufen, sind wir plötzlich gefordert, zu verwalten, zu führen oder zu repräsentieren.

3. Der Job entspricht den eigenen Werten und Überzeugungen. Sie müssen sich nicht verbiegen und sind von der Nützlichkeit Ihrer Arbeit überzeugt. Eine freie Journalistin, die gern gesellschaftlich wichtige Themen bearbeitet, wird sich kaum bei einem People-Magazin wohl fühlen, das Promis und Prinzessinnen covert. Die Sicherheit einer Festanstellung tröstet nur mangelhaft über verkaufte Lebensziele hinweg.

Sind alle drei Bedingungen erfüllt, können Sie mühelos arbeiten. Ihr Job erfüllt Sie mit Energie, die Ihr Privatleben beflügelt und nicht belastet. Allerdings müssen Sie sich dazu die Mühe machen, die passende Position zu finden. Das erfordert Selbstbewusstsein, Selbsterkenntnis und Selbstbeschränkung.

Wer weniger gestresst arbeiten möchte, kommt nämlich manchmal nicht umhin, eine Runde auszusetzen beim Karrierekarussell. Verzichten aber ist schwer, wenn Geld und Anerkennung locken. Eine solche Chance lehnt man nicht ab, suggerieren Personalchefs, Karriereratgeber und die besorgte Verwandtschaft. Überlegen Sie nicht zu lange, Frau Dr. Strömer übernimmt das Projekt jederzeit, lässt der Vorgesetzte einen wissen. Wann, wenn nicht jetzt, denken wir, wohl wissend, dass die zehn, fünfzehn Jahre, in denen unser Marktwert am höchsten ist, nicht ewig dauern.

An diesem Punkt kann Ihnen kein Buch weiterhelfen. Auch dieses nicht. Nur Sie können entscheiden, was Ihr Erfolg Ihnen wert ist. Und was nicht.

»Gut im Geschäft« heißt für mich:

Welche Anregungen aus diesem Kapitel werden Sie als Erstes umsetzen? Wie genau? Bis wann? Welchem Aspekt Ihres Arbeitsportfolios werden Sie mittel- und langfristig mehr Aufmerksamkeit schenken?

Nehmen Sie sich nicht zu viel auf einmal vor. Lassen Sie sich von der Einfachheit der Tipps nicht täuschen. Es ist unmöglich und unnötig, sie alle auf einen Schlag auszuprobieren. Setzen Sie sich für den Anfang wenige, überprüfbare Ziele, die Sie in den nächsten Wochen verwirklichen wollen. Wenn Sie es als Workaholic schaffen, das Büro dreimal pro Woche eine Viertelstunde früher zu verlassen, haben Sie bereits einen Fortschritt erzielt.

IN GUTEN UND IN BÖSEN TAGEN
Bauen Sie eine stabile Partnerschaft auf

»Ich liebe dich dafür, dass du anderthalb Stunden brauchst, um ein Sandwich zu bestellen. Ich liebe dich dafür, dass du eine Falte über der Nase kriegst, wenn du mich so ansiehst. Ich liebe dich dafür, dass ich nach einem Tag mit dir dein Parfum immer noch an meinen Sachen riechen kann; und ich liebe dich auch dafür, dass du der letzte Mensch bist, mit dem ich reden will, bevor ich abends einschlafe.«

HARRY UND SALLY

»The End« flimmert in alten Kinofilmen über die Leinwand, wenn nach neunzig Minuten Held und Heldin einander glücklich in die Arme sinken.

»Und sie hielten Hochzeit und lebten glücklich und vergnügt bis an ihr Lebensende«, schließt das Märchen, nachdem der Prinz gekommen ist und Dornröschen, Rapunzel oder Schneewittchen befreit und in sein Reich geführt hat.

»Wir wollen einander lieben, achten und ehren in guten und in bösen Tagen«, versprechen wir uns vor dem Traualtar, ganz in Weiß, mit einem Blumenstrauß. Den Ehevertrag, die Gütertrennung haben wir schon vorher unter Dach und Fach gebracht.

Wir träumen von der großen Liebe. Aber wir sind nicht naiv. Im wahren Leben ist die Hochzeit erst der Anfang. Ein Wagnis mit ungewissem Ausgang. Die Chance steht eins zu zwei, dass nicht der Tod uns scheidet, sondern das Familiengericht. Der Grund: Außer Gefühlen und Zuneigung bindet uns nicht viel. Traditionell stabilisierende Faktoren wie Glaube, viele Kinder oder wirtschaftliche Abhängigkeit verlieren ihre Bedeutung. Dafür steigen unsere Glückserwartungen. Hält die Ehe nicht, was wir uns davon versprechen, passen die subjektiven Vorstellungen der Partner vom guten Leben nicht mehr zusammen, droht die Trennung. Neues Spiel, neues Glück.

Wenn wir uns da mal nicht täuschen. Auch wenn sich mit dem Alltagstrott Langeweile in die Beziehung einschleicht, selbst wenn gelegentlich die Fetzen fliegen: Unser Glück scheint nicht in One-Night-Stands und unverbindlichen Lebensabschnittspartnerschaften, sondern in einer festen Paarbindung zu liegen. Erstens leben Paare statistisch betrachtet glücklicher, gesünder und länger als gleichaltrige, ähnlich gut situierte Singles und Geschiedene. Und zweitens macht Erfahrung offenbar nicht klüger. Wer schon eine Scheidung oder die Auflösung einer Ehe ohne Trauschein hinter sich hat, nimmt die persönlichen Probleme und Defizite, die zur Trennung geführt haben, sehr oft mit in eine neue Beziehung. Trennungserfahrene vermögen den neuen Partner nicht mehr als einzigartig wahrzunehmen, binden sich eher locker und verlassen den Partner in der Krise relativ schnell. Zweitehen haben ein um zehn Prozent höheres Scheidungsrisiko als erste Ehen.

Wer sich etwas Gutes tun will, sollte deshalb nicht vorschnell das Handtuch werfen, wenn der Partner, die Partnerin sich nicht als perfekt erweist. Wenn die rosarote Brille dem kühlen Blick weicht, dann ist es gut, die Gesetze der Liebe zu kennen. Ab jetzt trägt uns nämlich kein hormonell bedingter Glücksrausch mehr. Ab jetzt liegt es an uns, einen genießbaren Cocktail aus Kompromissen, Kreativität, Freundschaft, Anpassung und Resignation zusammenzuschütteln, der das Zusammenleben mit diesem Mann, dieser Frau möglich macht. Anregungen, wie Sie Ihre Partnerschaft entwickeln und pflegen können, finden Sie in diesem Kapitel.

Ziehen Sie Bilanz: Ihr Partnerschaftsportfolio

Partnerschaft und Ehe haben viele Facetten: Vertrautheit, Gemeinsamkeit, Leidenschaft, Rituale, Geborgenheit. Was macht Ihre Liebe, Ihre Beziehung stark? Was schwächt sie?

Listen Sie auf, mit welchen Aspekten Ihrer Partnerschaft Sie sich gedanklich auseinander setzen möchten, und zeichnen Sie sie in das Portfolio ein.

Mögliche Portfolio-Elemente sind:

Anerkennung, Respekt	Romantik
Ehrlichkeit	Rückhalt und Zusammenhalt
Geborgenheit	Sexualität
Gemeinsame Interessen	Sozialer Status
Gemeinsame Werte und Ziele	Treue
Harmonie	Unterstützung
Intimität	Versorgung
Kinder	Verständnis
Konfliktlösung	Vertrauen
Lachen, Spaß, Humor	Zuwendung
Leidenschaft	
Liebe	
Miteinander reden können	

Wie zufrieden sind Sie mit Ihrem Partnerschaftsportfolio? Welche Portfolio-Elemente würden Sie gerne verbessern? Wo wirkt sich Ihr innerer Antreiber störend aus? Zeichnen Sie Ihre Zielvorstellungen in das Portfolio ein – ziehen Sie Pfeile, streichen Sie Elemente weg, fügen Sie neue ein, vergrößern oder verkleinern Sie Umrandungen.

»Ich liebe dich, so wie du mich …

… am Abend und am Morgen, noch war kein Tag, wo du und ich nicht teilten unsere Sorgen«, beginnt das 1797 entstandene Beethoven-Lied *Zärtliche Liebe*. Der berührend schlichte Liedtext benennt, worauf es ankommt, wenn der Ausnahmezustand Verliebtheit vorbei, wenn aus Romantik Freundschaft, Verbundenheit, Geborgenheit geworden ist und wenn, bei aller Liebe, schon mal die Türen knallen: auf Zuneigung, Zuwendung und ein starkes Gefühl der Zusammengehörigkeit.

Zuneigung: In einer guten Partnerschaft überwiegen die liebevollen Gefühle die angenervten oder feindseligen: »Ich liebe dich, so wie du mich« statt »Es regt mich auf, wenn du immer…«.

Zuwendung: Dauerhafte Liebe will gehegt und gepflegt werden – jeden Tag, »am Abend und am Morgen«, nicht nur im Urlaub oder am Hochzeitstag.

Zusammengehörigkeit: Die Ehe ist kein Ego-Trip: Sie lebt vom »Du und ich«, vom Teilen und Mitteilen und leidet unter der emotionalen Gütertrennung des »Ich oder du«.

Wie man eine glückliche Partnerschaft führt, ist längst kein Geheimnis mehr. Forscher aus aller Welt haben sich der Frage angenommen, was die Ehe haltbar macht. Das Ergebnis: Weder das Ausmaß der Verliebtheit am Anfang der Beziehung noch Persönlichkeitsmerkmale wie Intelligenz, Aussehen, Bildung oder Einkommen gewährleisten ein glückliches Zusammenleben. »Die einzigen längerfristig wirksamen Garanten für eine glückliche Partnerschaft sind individuelle Kompetenzen und Kompetenzen des Paares«, resümiert Guy Bodenmann, Leiter des Instituts für Familienforschung in Fribourg/Schweiz. Ob ein Paar zusammenbleibt, hängt also hauptsächlich von der emotionalen Intelligenz der Partner ab: wie sie miteinander umgehen und reden, wie erfolgreich sie den Alltagsstress bewältigen, wie gut sie Probleme meistern.

Der Liebe Nahrung geben

Liebe fängt im Alltag an. Wenn man zusammen den Bezug für die neue Couch aussucht, wenn man nach dem Winter gemeinsam den Garten in Ordnung bringt, wenn man sich beim Familienfest über den Raum hinweg verschwörerisch zulächelt, wenn der Partner sich zwischen zwei Besprechungen meldet, um zu fragen, wie das Mitarbeitergespräch gelaufen ist, wenn die Lebensgefährtin den Apfelstrudel ohne Rosinen, aber dafür mit Mandeln backt, obwohl sie selber die klassische Variante bevorzugt. Kleinigkeiten wie diese stärken die Freundschaft und zeugen von Zuneigung und Interesse. Wie wichtig gemeinsame Aktivitäten und kleine

Liebesdienste für unser Wohlgefühl sind, merken wir dann, wenn sie unterbleiben: wenn der Partner keine Lust auf die abendliche Runde um den Block hat, wenn die Partnerin für die neuesten Entwicklungen im Büro allenfalls höfliches Interesse zeigt.

In glücklichen Beziehungen, stellte der Partnerschaftsexperte John Gottman fest, kommen auf jede Kritik am anderen und jede negative Äußerung über den Partner mindestens fünf liebevolle, zärtliche Bekundungen. Stimmt die Relation zwischen Zuneigung und Kritik, Lachen und Weinen, Liebesgeflüster und lautstarken Auseinandersetzungen, dann scheint es keine Rolle zu spielen, ob Sie oft streiten oder eher selten – Hauptsache, die Zahl der guten Momente übertrifft bei weitem die der schlechten. Dabei sind es weniger die roten Rosen zum Geburtstag und der Brillantring zur Geburt des Stammhalters als die unspektakulären, alltäglichen Gesten der Zuneigung, die die Ehe gegen Streit und Ärger immunisieren.

▶ Eine Partnerschaft, die von Wertschätzung und Bewunderung geprägt ist, kann so leicht nichts erschüttern.

Der Grund: Herrschen die positiven Erlebnisse vor, steigt die Wahrscheinlichkeit, dass wir eine gereizte Antwort des Partners nicht als gegen uns gerichtet interpretieren, sondern einem äußeren Problem zuschreiben. Wahrscheinlich gab es mal wieder Stress im Büro, denken wir verständnisvoll und lassen die Sache auf sich beruhen. Ist das Beziehungskonto dagegen schon seit längerem leer, womöglich sogar überzogen, weckt die schlechte Laune des Partners nicht Rücksicht, sondern Ungeduld: »Musst du deinen Ärger im Job dauernd an mir auslassen!«

Zuneigung, Wertschätzung und Bewunderung können unterschiedliche Wertvorstellungen und Lebensziele nicht verwischen. Aber sie verhindern, dass die negativen Gefühle eskalieren, die in der besten Beziehung ab und an aufkommen.

▪ Das können Sie tun

Überlegen Sie, was Sie an Ihrem Partner, Ihrer Partnerin besonders mögen. So unterschiedlich Männer und Frauen auf Probleme in der Partnerschaft reagieren, so ähnlich verhalten sie sich in der Bewertung der positiven Aspekte des Beziehungsalltags. Es spielt keine Rolle, ob wir vom Mars oder von der Venus kommen – die Stärken unserer Beziehung nehmen wir alle als recht selbstverständlich hin. Je länger wir schon mit dem Partner, der Partnerin zusammenleben, desto weniger bemerkenswert erscheinen uns seine Vorzüge, desto weniger beachtlich ihre Persönlichkeit. Schuld daran ist die Chemie des Glücks: Was man täglich um sich hat, löst keinen spontanen Glücksrausch mehr aus. In gewachsenen Beziehungen müssen wir uns deshalb die Mühe machen, das Bemerkenswerte bewusst zu bemerken, das Beachtliche ausdrücklich zu beachten.

- Denken Sie an drei positive Eigenschaften, die für Ihren Mann, Ihre Frau charakteristisch sind.
- Denken Sie tagsüber an die Lust der gestrigen Nacht und nicht an die frustrierende Diskussion am Frühstückstisch.
- Seien Sie freigebig mit Freude und Anerkennung – auch für Dinge, die Sie bisher vielleicht für unwesentlich oder selbstverständlich hielten.
- Sprechen Sie mit anderen anerkennend über Ihren Partner.

Tun Sie dem anderen etwas Gutes. Schenken Sie Ihrem Partner jeden Tag Zeichen der Zuneigung und Bewunderung: ein Kompliment, ein Danke, eine zärtliche Geste, einen Liebesdienst – ihr Auto voll tanken, seine Lieblingszeitschrift mitbringen, ihm einen gekritzelten Gruß an die Kaffeemaschine kleben, sie in den Arm nehmen, obwohl es in letzter Zeit nicht leicht mit ihr ist. Setzen Sie Ihr Bemühen auch an Tagen fort, an denen Sie nicht gut aufeinander zu sprechen sind. Je konsequenter Sie das Beziehungskonto auffüllen, desto größer ist die Chance, dass Sie wieder herzlicher miteinander umgehen. Hat sich in den letzten Monaten oder Jahren Gleichgültigkeit oder Verletztheit in Ihre Beziehung eingeschlichen, wird der Partner Ihnen ob solcher Gesten vermutlich nicht gleich um den Hals fallen. Vielleicht bemerkt er sie anfangs nicht einmal. Stellen Sie sich darauf ein, dass es eine Weile dauern kann, bis der Partner, die Partnerin zugänglicher wird und Ihnen ebenfalls liebevoller begegnet.

Schwelgen Sie gemeinsam in Erinnerungen. Die meisten von uns haben aus Liebe geheiratet und nicht wegen der günstigeren Steuerklasse. Es hat sie also mal gegeben, die rasende Verliebtheit, die Träume vom hollywoodreifen Happy End, die Verrücktheiten und Albernheiten, die Sie nur mit diesem Mann, mit dieser Frau teilen.

Lassen Sie die Erinnerung an die Höhepunkte Ihrer Beziehung nicht verblassen. Erinnern Sie sich gemeinsam zurück, wie es war, damals, als Sie sich bei der Fete in der Studenten-WG zum ersten Mal über den Weg liefen, wie sie kurz entschlossen übers Wochenende nach London flogen, nur weil Sie so berauscht davon waren, dass Sie beide schon immer mal *Cats* im West End sehen wollten.

Stress lass nach

Maike wusste, der Tag würde anstrengend werden. Morgens die Besprechung mit den Spaniern, danach der Kundenbesuch, in der Mittagspause der Zahnarzttermin, die Sprechstundenhelferin hatte sich bereit erklärt, sie einzuschieben. Hoffentlich würde sie wenigstens am Nachmittag ein paar ungestörte Stunden finden, um über der neuen Werbestrategie zu brüten. Ein Glück, dass heute Donnerstag war und Philip Tim vom Kindergarten abholte. Das würde ihr die Luft verschaffen, die sie brauchte, um ... »Morgen, Schatz, kannst du heute ausnahmsweise Tim ...«, sagte Philip hinter ihr. Weiter kam er nicht. »Kommt überhaupt nicht in Frage«, unterbricht Maike energisch. »Heute bist du dran. Falls du es noch nicht gemerkt hast, ich habe auch einen Job.«

Szenen einer Ehe. Wir wollen nicht streiten, nicht schon wieder. Und erst recht nicht so. So unsouverän. So verletzend. So humorlos. So, als hätten wir noch nie in unserem Leben etwas von Ich-Botschaften und emotionaler Intelligenz gehört. Aber wenn wir nicht wissen, wo uns der Kopf steht, werden wir zu Egozentrikern.

Stress, nicht Lieblosigkeit oder Gleichgültigkeit, ist der Auslöser für einen Großteil der unschönen Auseinandersetzungen, die der Liebe zusetzen und dem Beziehungsalltag einen bitteren Beigeschmack verleihen.

Wissenschaftler des schweizerischen Instituts für Familienforschung haben in einer Längsschnittstudie den ganz normalen Alltagsstress als tückischen Beziehungskiller entlarvt: Schleichend, fast unbemerkt treiben Überstunden und Geschäftsreisen, Kontostand und Schwiegereltern, Babygeschrei und Fensterputzen einen Keil zwischen die Partner. Im Lauf der fünfjährigen Studie entfernten sich Paare mit viel Alltagsstress deutlich weiter voneinander als Paare mit wenig Stress. Bei den gestressten Paaren sank die Partnerschaftszufriedenheit im Lauf der Jahre erheblich ab und erreichte nach fünf Jahren den kritischen Wert, der unglückliche Paarbeziehungen anzeigt. Paare mit einem weniger aufreibenden Alltag oder guten Strategien zur Stressbewältigung konnten demgegenüber ihre Beziehungszufriedenheit relativ konstant halten. Die Wissenschaftler kamen deshalb zu dem Schluss: Je weniger Stress man sich macht, je besser die partnerschaftliche Stressbewältigung klappt, desto größer ist die Chance, dass die Beziehung ein Leben lang hält.

Das können Sie tun

Reduzieren Sie den Stress von außen. Entgegen einer weit verbreiteten Ansicht liegt Beziehungsstress eher selten in den unterschiedlichen Persönlichkeiten der Partner begründet. Hauptsächlich sind es die äußeren Anforderungen, die Zündstoff liefern: die beruflichen Verpflichtungen, die Hausarbeit, das Gerangel um den Kindergartenplatz, die Ansprüche an unsere Flexibilität und Mobilität, all der kleine Stress zwischendurch, der uns den letzten Nerv kostet. Und den wir, wo sonst, am Partner, an der Partnerin auslassen. Je mehr Sie den Haushalt vereinfachen, je mehr Spielräume Sie sich zugestehen, je weniger Sie sich verrückt machen lassen von den Möglichkeiten der Freizeitgesellschaft, desto mehr Geduld und Aufmerksamkeit werden Sie für Ihre Beziehung finden können. Wer gut lebt und nicht perfekt, gelangt in der Regel ganz von selbst wieder in liebevollere Beziehungsgewässer.

Kehren Sie Belastungen nicht unter den Teppich. Sprechen Sie am Sonntag die kommende Woche durch. Warnen Sie Ihren Mann vor, wenn in nächster Zeit mehrmals Besprechungen bis in den Abend hinein anstehen. Sagen Sie beim Nachhausekommen, dass Sie einen anstrengenden Tag hatten und eine halbe Stunde Ruhe brauchen. Kochen Sie einen Becher heiße Schokolade, wenn Sie das Gefühl haben, dass Ihre Frau mit den Nerven fertig ist. Solide Paarbeziehungen zeichnen sich auch dadurch aus, dass die Partner sich im Alltag entlasten und die Gereiztheit des anderen abfedern.

Packen Sie Reizthemen behutsam an. Die meisten ehelichen Streitgespräche enden so gereizt, wie sie begonnen haben. Oder so gelassen. Wenn Sie schroff in eine Auseinandersetzung einsteigen (»Musst du schon wieder...?« – »Du denkst auch nie...« – »Kannst du nicht einmal...« – »Du bist zu feige, um...«), dann wird sie in aller Regel auch mit einer gereizten Note enden. Der Grund: Stress schadet der Kommunikationsqualität. Die Meinung das anderen interessiert weniger, hauptsächlich geht es darum, die eigene Position zu verteidigen. In dieser Stimmung ist es schwer, wenn nicht unmöglich, eine Lösung zu finden, mit der beide gut leben können. Wählen Sie dagegen einen behutsamen Auftakt (»Ich fände es schön, wenn...« – »Ich habe es so genossen, als...« – »Ich mache mir Sorgen, dass...« – »Du, der Sperrmüll müsste noch rausgestellt werden. Wir hatten ausgemacht, dass du das übernimmst.«), verläuft die Diskussion entspannter. Die Chancen auf einen produktiven Ausgang steigen.

Übrigens: In den allermeisten Fällen ist die Frau diejenige, die heikle Themen zur Sprache bringt. Ein behutsamer Auftakt ist ein einfaches Mittel, Probleme so unaufgeregt aus der Welt zu schaffen, wie wir es uns wünschen.

Es ist, was es ist, sagt die Liebe

Sie ist nicht gern unter Leuten, er hat gesellschaftliche Verpflichtungen. Sie möchte zurück in den Beruf, er will ein zweites Baby. Sie schläft spätestens nach dem heute-Journal ein, er geht nie vor der Late-Night-Show ins Bett. Sie zürnt und schreit, er zieht sich zurück und schweigt. Sie trinkt Orvieto zum Zander, er bestellt Spezi zur Pizza.

Natürlich wissen wir, dass man einen Menschen nicht verändern kann. Das haben wir auch gar nicht vor. Denn über kurz oder lang, glauben wir allen gegenteiligen Behauptungen zum Trotz, wird der Partner sicher merken, wie gut, schön und richtig der Geschmack, das Temperament, der Ordnungssinn ist, den wir als Morgengabe in die Beziehung einbringen. Es dauert eine Weile, bis wir ernüchtert begreifen, dass der Partner zwar bereitwillig Tisch und Bett mit uns teilt, aber längst nicht all unsere Ansichten, Eigenheiten und Wertvorstellungen.

Vergeblich ringen wir um Kompromisse, beschwören, streiten, diskutieren. Aber statt uns näher zu kommen, stoßen wir einander ab. Bis wir irgendwann an der Liebe des Partners, der Partnerin zu zweifeln beginnen.

▶ **Liebe verzaubert. Aber sie zaubert die Unterschiede zwischen den Partnern nicht weg.**

Sie bringt uns lediglich dazu, störende Ungleichheiten, irritierende Eigenheiten im Rausch der Verliebtheit erst mal auszublenden. Im Beziehungsalltag aber prallen Welten aufeinander: zwei Individuen mit grundverschiedenen Persönlichkeiten, Kindheiten, Wertesystemen. Das alles können wir nicht einfach so verändern, selbst wenn wir es wollten. Denn es würde bedeuten, die eigene Identität aufzugeben.

In jeder Paarbeziehung gibt es deshalb Probleme, für die sich nie eine Lösung finden wird, bei aller Liebe nicht. Ungefähr 70 Prozent aller Konflikte in einer Partnerschaft, stellte der Psychologe John M. Gottman in einer 16 Jahre dauernden Forschungsreihe fest, gehören der Kategorie der »ewigen« Probleme an. Sie sind in der einzigartigen Psyche und der unterschiedlichen Sozialisierung der Partner begründet und durch keinen noch so heftigen Streit aus der Welt zu schaffen. Immerhin: Paare, die die ewigen Konflikte ihrer Beziehung erkennen und anerkennen, können lernen, damit zu leben – wie mit einem anfälligen Rücken oder einem empfindlichen Magen. Unerkannt und unbehandelt schaden ewige Probleme der Beziehung wie ein langsam wirkendes Gift.

▨ Das können Sie tun

Unterscheiden Sie lösbare und unlösbare Probleme. Schreiben Sie getrennt voneinander jeweils sieben Probleme – kleine und große, akute und chronische – Ihrer Beziehung auf, die Sie gerne klären würden. Überlegen Sie dann gemeinsam, ob diese Probleme in Ihrer Beziehung lösbar sind oder nicht. Bei lösbaren Problemen geht es in der Regel um konkrete Situationen (»Ich würde dich lieber nicht zu dem Empfang begleiten, ich habe am nächsten Tag in aller Frühe einen Termin.«), nicht um Charaktereigenschaften oder Lebensentwürfe (»Ich muss mich nicht ständig so profilieren wie du.«). Ewige Probleme haben in der Regel mit der Persönlichkeit, den Ängsten oder Träumen der Partner zu tun. Wir können sie noch so oft zum Thema machen, unsere Argumente drehen sich im Kreis. Ebenfalls typisch: Beim Reden über Dauerbrenner fühlen wir uns feindselig und unbehaglich.

Überlegen Sie, was hinter den ewigen Problemen steckt. Ewige Probleme machen sich häufig an vordergründigen Dingen fest. Wenn sie seine Vorliebe für Pizza mit Spezi peinlich findet, steckt dahinter vielleicht der unausgesprochene Wunsch nach einem feinfühligeren, kultivierteren Partner. Er wiederum lässt sich das Lieblingsessen seiner Kindheit partout nicht ausreden, weil es ihm reicht, sich im Job geschniegelt und gebügelt geben zu müssen. Deshalb will er wenigstens privat er selbst sein dürfen. Das Spezi ist mit symbolischer Bedeutung aufgeladen: den unterschiedlichen Vorstellungen von einem schönen Leben.

Überwinden Sie die Pattsituation. Die Liebe führt Paare zusammen, einigen müssen sie sich selbst. John Gottman empfiehlt dafür die folgende Vorgehensweise:

1. *Erkennen Sie das ewige Problem* – zum Beispiel Ihre sehr unterschiedlichen Vorstellungen über den gemeinsamen Lebensstil.
2. *Sprechen Sie über die Träume hinter dem Konflikt* – zum Beispiel, dass sie sich wünscht, sanft und vertraut miteinander zu wirken, während er sich eine Beziehung vorstellt, in der man ungeniert und unkompliziert miteinander umgeht.
3. *Definieren Sie Ihre Mindestanforderungen* – zum Beispiel, dass sie nicht sehen kann, wenn er Fast Food isst und Bier aus der Flasche trinkt. Und dass er es hasst, wenn sie seine Manieren kritisiert.
4. *Überlegen Sie, in welchen Bereichen Sie flexibel sein können* – zum Beispiel, dass sie im Prinzip gegen eine Currywurst am Imbiss nichts einzuwenden hat und dass er sich vorstellen kann, richtig mit allem Drum und Dran essen zu gehen, wenn es etwas Besonderes zu feiern gibt.
5. *Schließen Sie einen befristeten Kompromiss* – zum Beispiel, dass in der Beziehung beides Platz hat, das Feinsinnige und das Ungekünstelte. Deshalb werden beide in den nächsten Wochen auf Protesthaltungen verzichten und sich darauf einlassen, zu erfahren, was der andere an seiner Lebensform so erstrebenswert findet.

6. *Akzeptieren Sie den ewigen Konflikt* – zum Beispiel, dass sie immer einen Hang zum Abgehobenen hat und er immer ein Kumpeltyp bleiben wird.

Betrachten Sie ewige Probleme als Bereicherung, nicht als Bedrohung. Es muss nicht von Nachteil sein, wenn in der Ehe unterschiedliche Welten und Wirklichkeiten aufeinander prallen. Im Gegenteil: Wenn wir die Wirklichkeit des anderen anerkennen, erweitert sich das eigene Leben um eine neue Dimension. Es hat seinen Reiz, die Welt mit den Augen des Partners zu sehen.

Das Wir-Gefühl stärken

Liebe ist, ganz für den anderen da zu sein, träumen die Idealisten. Liebe ist, auch für sich selbst da zu sein, halten die Pragmatiker dagegen. Heute gehören die meisten von uns der zweiten Kategorie an. Natürlich sehnen wir uns nach Liebe, Treue und Happy End, bis dass der Tod uns scheidet. Aber nicht um den Preis, unsere eigenen Interessen und Bedürfnisse hintanzustellen.

Wenn wir heiraten, um einiges älter, als unsere Eltern es damals waren, dann haben wir längst ein eigenes Auto, eine eigene Wohnung, einen Namen in der Branche und einen eigenen Kopf. Letzteren nimmt uns so leicht niemand mehr weg – auch dann nicht, wenn wir uns nach reiflicher Überlegung für einen gemeinsamen Namen, ein gemeinsames Konto und gemeinsame Kinder entscheiden sollten.

▶ **Unser Ego ist so stark wie unsere Liebe.**

Selbstverständlich erwarten wir, in der Beziehung auf unsere Kosten zu kommen, ich auf meine, du auf deine. »Erlebnisrationales Situationsmanagement herrscht auch im Bereich der Intimität, Sexualität und Liebe«, umschreibt der Bamberger Soziologe Thomas Müller-Schneider die Tatsache, dass der Mensch an unserer Seite nur damit rechnen kann, gemeinsam mit uns alt zu werden, wenn er unsere persönlichen Glückserwartungen erfüllt und unsere Kreise nicht über Gebühr stört.

Keine Frage: Natürlich ist es gut und richtig und zudem vernünftig,

98

sich auch in der Partnerschaft ein Stück Eigenständigkeit zu bewahren. Schon allein deshalb, weil eine Beziehung ohne Spannung und Reibung lau wäre. Aber je mehr Bedeutung wir dem »Ich« und dem »Du« zumessen, desto weniger Energie bleibt für das »Wir«. Wer sich eine Beziehung fürs Leben wünscht, muss deshalb entscheiden: Will ich in der Ehe mein eigener Herr, mir selbst die Nächste sein oder bin ich jetzt in erster Linie Mann oder Frau meines Partners? Will *ich* weiter mein eigenes Ding oder wollen *wir* gemeinsame Sache machen? Wollen wir nur Bett und Wohnung teilen oder auch unsere Triumphe und Probleme?

Die folgenden Anregungen helfen Ihnen, über das trennende »Ich oder Du« hinauszuwachsen und das verbindende Wir-Gefühl in Ihrer Beziehung zu stärken.

Das können Sie tun

Schaffen Sie eine Paarkultur statt eigenbrötlerisch an Ihren Gewohnheiten festzuhalten. Die Heidelbeer-Pfannkuchen, die er am Sonntagmorgen zum Frühstück bäckt. Die gemeinsame Vorliebe für dünnen Filterkaffee, über die alle anderen den Kopf schütteln. Der immer gleiche Autobahnparkplatz, auf dem sie auf der Fahrt in den Süden eine Pause machen. Die gemeinsame Lieblingsarie, die er unter der Dusche schmettert und sie auf dem Weg zur Arbeit summt. Der Nasenkuss zum Abschied und zur Begrüßung. Die ramponierte versilberte Teekanne aus der Portobello Road, an der beide hängen. Gemeinsame Rituale, Symbole und Mythen, die Geschichten, die wir immer wieder auskramen, weben in ihrer einzigartigen Kombination um eine Beziehung einen dichten Kokon aus Vertrautem und Vertrautheit. Sie sind mehr als bloße Gewohnheiten, sie sind für eine Partnerschaft das, was die Sachertorte für Wien und Thanksgiving für die Amerikaner sind: Tradition, Erkennungszeichen, Bestätigung. Erfinden Sie eine Fülle unscheinbarer und bedeutungsvoller Rituale der Liebe, die die Besonderheit Ihrer Beziehung dokumentieren.

Allerdings: Auch Rituale haben ihre Zeit. Halten Sie deshalb keinesfalls an Gewohnheiten fest, die Sie oder Ihr Partner nur noch lustlos absolvieren. Rituale stärken die Partnerschaft nur, wenn Sie schal gewordene Beziehungsmuster rechtzeitig und unsentimental durch schönere, schrägere, passendere ersetzen.

Geben Sie der Beziehung Vorrang gegenüber dem Job, den Kindern, der Herkunftsfamilie und der besten Freundin. Kinder, Eltern, Geschwister und Freunde haben genau wie Chefs, Kunden und Kollegen oft ein klares Bild davon, wie wir sein sollen. Häufig kollidieren ihre Anforderungen aber mit den Erwartungen, die der Partner, die Partnerin in uns setzt. Die Kinder fordern Zuwendung, je mehr, desto lieber, die Herkunftsfamilie erwartet loyale Einigkeit, im Job sollen wir flexibel und jederzeit voll da sein. Sosehr Kinder, Eltern und Arbeitgeber ein Recht auf unser Engagement haben: Die Loyalität zum Partner, zur Partnerin geht vor. Treue hat nicht nur einen sexuellen Aspekt.

Verzahnen Sie Ihre Welten. Die amerikanische Soziologin Pepper Schwartz hat herausgefunden: Am glücklichsten leben Paare zusammen, die sich als *Peer-Couples* verstehen (engl. *peer* gleichrangig, ebenbürtig). Peer-Couples zeichnen sich dadurch aus, dass beide Partner den gleichen Status und ähnliche Rollen in der Beziehung innehaben. Sie verdienen häufig vergleichbar gut oder der geringer verdienende Partner arbeitet an besonders angesehenen Projekten mit. Peer-Couples schneiden den Alltag nicht nach stereotypen Rollenmustern in zwei Hälften: Der Mann macht Karriere, die Frau versorgt Kinder und Haushalt. Stattdessen beteiligen sich beide engagiert und interessiert an den finanziellen, emotionalen *und* praktischen Aufgaben in der Familie. Vielleicht nicht halbe-halbe. Aber 60:40. Oder, als absolutes Minimum, 70:30. Weil sie nicht auf getrennten Planeten leben, unterstützen, beraten und vertrauen Peer-Couples einander mehr als Paare mit starr geregelter Rollenverteilung.

Ziehen Sie mit dem Partner mit. Der Umzug in eine neue Stadt, die Geburt eines Kindes, der verantwortungsvollere Job, das Weiterbildungsstudium, die Erbschaft, die Midlife-Crisis, eine schwere Krankheit – wenn einer der Partner zu neuen Ufern aufbricht, gerät das ausbalancierte Beziehungsgefüge leicht ins Wanken, jedenfalls, wenn der andere das Neue fürchtet und der vertrauten Komfortzone nachtrauert. Verlieren Sie sich in solchen Situationen nicht aus den Augen. Tun Sie alles, um im Gespräch miteinander zu bleiben und die Beweggründe des einen, die Ängste des anderen zu teilen. Sich im veränderten Alltag gegenseitig zu unterstützen hilft dabei oft weiter als alle Gespräche. Lassen Sie Entwicklungen, die Sie verunsichern, nicht apathisch über sich ergehen.

Stemmen Sie sich auch nicht feindselig dagegen. Bleiben Sie lieber so gut es irgendwie geht am anderen und dessen veränderter Lebenssituation »dran«. Eine lebendige Beziehung lebt auch von den gemeinsam bewältigten Veränderungen.

»In guten und in bösen Tagen« bedeutet für mich:

Welche Anregungen aus diesem Kapitel werden Sie in Ihr Leben integrieren? Was werden Sie tun, um wieder liebevoller miteinander umzugehen, Stress abzubauen und das Wir-Gefühl in Ihrer Partnerschaft zu stärken? Überlegen Sie sich einen Aspekt Ihrer Ehe, der alles andere als perfekt ist, mit dem Sie aber trotzdem gut leben können. Welchem Aspekt Ihres Partnerschaftsportfolios werden Sie künftig mehr Aufmerksamkeit schenken? Notieren Sie wenige, aber dafür konkrete Vorsätze.

GUTE BEZIEHUNGEN
Machen Sie sich Freunde

Individualisierung hin, Single-Gesellschaft her – das Beziehungsgeflecht der Menschen ist enger geknüpft, als man denkt. Zwei beliebige Bewohner der Erde, so besagt eine Theorie, sind höchstens sechs Bekannte voneinander entfernt.

Die Welt ist klein. Und das scheint gut so: Denn selbst Globetrotter und Job-Nomaden suchen nach Nestwärme. Nichts verbindet schneller als die Information, dass die Bewerberin erst kürzlich bei derselben Werbeagentur ein Praktikum absolviert hat, bei der auch wir vor Unzeiten kopiert, assistiert und auf die Chance unseres Lebens gehofft haben (»Warten Sie mal, das war 1993 oder so.«). Nichts tut wohler, als zu merken, dass wir mit unseren Problemen nicht allein dastehen (»Hat Sie auch die Sommergrippe erwischt?«). Und nichts bricht das Eis zuverlässiger als die überraschende Erkenntnis, dass man in der gleichen Kleinstadt im Dienst fürs Vaterland durch den Schlamm gerobbt ist (»Da gab es doch diesen Spieß, wie hieß der noch mal ...«).

Allerdings nervt auch nichts mehr, als in einem rosenumrankten Charme-Hotel in Südengland mit der Frage konfrontiert zu werden: »Sagen Sie mal, der Wagen mit dem Passauer Kennzeichen, gehört der Ihnen? Ist nicht wahr! Wir kommen aus der gleichen Ecke. Meyer mein Name.«

Beziehungen stimulieren. Sie stärken das Selbstwertgefühl, erweitern den Horizont, heben die Laune. Das ist die eine Seite der Medaille. Beziehungen stressen. Sie kosten Energie, engen ein, schlagen uns auf den Magen. Das ist die andere Seite.

So oder so: Unser Wohlbefinden hängt grundlegend von unseren Kontakten zu anderen ab, besonders von den engen. Aber auch oberflächliche Begegnungen beeinflussen unsere Stimmung: das Lächeln der Kassiererin, der Flirt an der Ampel, die abweisende Art der Arzthelferin. In diesem

Kapitel erfahren Sie, wie Sie gute Beziehungen vertiefen und ungeliebte Zeitgenossen auf Abstand halten.

Ziehen Sie Bilanz: Ihr Beziehungsportfolio

Wie viele Freunde, Verwandte, Bekannte haben Sie? Welche Menschen in Ihrem Umfeld tun Ihnen gut, bauen Sie auf, geben Ihnen Stärke und neue Impulse? Welche Menschen nutzen Sie aus, fordern ständig Anerkennung, drücken Ihre Stimmung nieder? Wünschen Sie sich mehr Kontakte als bisher? Tiefere Freundschaften? Oder lieber mehr Zeit zum Alleinsein? Überlegen Sie, welche Menschen Ihr Leben bereichern beziehungsweise belasten, und tragen Sie sie in das Portfolio ein. Gründliche nehmen dabei ihr Adressbuch zu Hilfe.
Wie zufrieden sind Sie mit Ihrem Beziehungsportfolio? Empfinden Sie es als überfrachtet oder eher als schlecht bestückt? Überwiegen die positiven Beziehungen? Welche »Verlierer« können Sie aus dem Beziehungsportfolio streichen? Welche Beziehungen würden Sie gerne klären oder vertiefen? Zeichnen Sie Ihre Zielvorstellungen ein.

Herkunftsfamilie: Bekannte:

Verwandte: Nachbarn:

Freunde: Clubs, Vereine, Institutionen,
                                            Netzwerke:
Berufliche Kontakte (Kollegen,
Mitarbeiter, …):

Kontaktfreudig, kontaktscheu

Es gibt Persönlichkeitsmerkmale, die stecken in uns drin. Ob wir strahlender Mittelpunkt jeder Party sind oder uns im kleinen Kreis am wohlsten fühlen, ob wir lieber ein Open-Air-Spektakel oder ein Kammerkonzert besuchen, ob wir uns im Großraumbüro wohl fühlen oder zum Arbeiten lieber die Tür hinter uns zumachen, hängt weitgehend von unserer emotionalen Grundausstattung ab.

Die psychologische Forschung zählt Extravertiertheit und Introvertiertheit zu den stabilsten Persönlichkeitsmerkmalen. Die meisten Menschen lassen sich recht eindeutig entweder der Gruppe der geselligen Kontaktfreudigen oder der Gruppe der nachdenklichen Solisten zuordnen.

Obwohl in unserer Inszenierungs- und Vernetzungskultur Extravertiertheit erheblich gefragter ist als Introvertiertheit, hat die eine Ausprägung ebenso ihre Vorteile wie die andere: Studien zufolge leben nach außen gerichtete Menschen mit vielen Sozialkontakten ausgeglichener, sorgloser und gesünder als in sich gekehrte. Dafür besitzen introvertierte Persönlichkeiten mit einem ausgeprägten Eigenleben die mentale Ausstattung, sich ganz auf eine Sache, einen Menschen zu konzentrieren. Deshalb gelingt es ihnen leichter, ihre Begabungen voll zu entfalten und tiefe Beziehungen aufzubauen als Menschen, die viel Leben und Betrieb um sich herum brauchen.

Das können Sie tun

Akzeptieren Sie Ihr Naturell. Natürlich können wir uns dazu zwingen, uns offener zu geben oder weniger umtriebig. Andererseits: Wenn Sie sich mit Ihrem Naturell wohl fühlen, gibt es keinen Grund, es abzudämpfen. Liebenswert, erfolgreich und glücklich können Sie so oder so sein: der Extravertierte als amüsanter Unterhalter und Gastgeber, die Introvertierte als einfühlsame Zuhörerin bei Eheproblemen und Liebeskummer. Die Kontaktfreudige als Verkaufsprofi in der Marketing-Abteilung, der Solist als Wissenschaftler im Labor. Der fröhliche Optimist als Vater zum Fußballspielen und Lachen, die stille Nachdenkliche als Mutter zum Vorlesen und Kuscheln.

Finden Sie heraus, wozu Sie sich eignen. Brillieren Sie mit Ihren Stärken, statt Ihre Schwächen zu vertuschen. Das ist der gute Weg.

Wechseln Sie zwischen den Extremen. Perfekt wäre es, beides ungefähr gleich gut zu können: In sich zu gehen und aus sich heraus. Sich in großer Runde Anregungen für das neue Design zu holen und es später einsam am PC auszutüfteln. Freitagnacht mit der Clique in die Disco zu gehen und Sonntagmorgen allein in die Berge. Abgeschottet von der Welt ein Buch zu schreiben und es bei Erscheinen mitreißend im Fernsehen vorzustellen. Die meisten Menschen bevorzugen recht klar das eine oder das andere Verhalten. Kreative Persönlichkeiten sind häufig komplexer angelegt: Sie verstehen es, Introversion und Extraversion miteinander zu kombinieren, und wechseln bewusst zwischen Zeiten des Rückzugs und Zeiten der intensiven sozialen Interaktion.

Springen Sie über Ihren Schatten. Es erweitert den Horizont und stärkt das Selbstbewusstsein, ab und zu über den eigenen Schatten zu springen. Wenn Sie am liebsten allein am Schreibtisch arbeiten, akzeptieren Sie das Angebot, zweimal im Jahr ein Seminar zu halten. Wenn Ihnen der Alltag normalerweise nicht turbulent genug sein kann, verträumen Sie die beiden Tage, an denen der Partner und die Kinder zum Zelten fahren, zur Abwechslung mit Lesen, Dösen und Musik hören. Bei solchen Experimenten brauchen Sie Ihre Persönlichkeit nicht zu verändern. Sie probieren lediglich aus, wie es sich anfühlt, die Welt einmal aus einer anderen als der gewohnten Perspektive zu erleben.

Ein Beziehungsnetz knüpfen

Egal, ob extravertiert oder introvertiert: Ohne menschliche Nähe kann niemand gut leben. Ganz gleich, ob wir Liebe, Zuwendung oder Ermutigung, Kritik oder handfeste Tipps, einen Partner zum Squash, einen guten Zahnarzt, eine schnelle Lösung oder eine mitfühlende Seele brauchen: Wer ein engmaschiges Beziehungsnetz hat, fällt vielleicht tief, aber niemals ins Leere.

▶ **Vernetzung ist für unser Lebensglück ebenso unabdingbar wie für unseren beruflichen Erfolg.**

Um gute Beziehungen aufzubauen, müssen Sie nicht perfekt sein. Im Gegenteil: Weder makellose Manieren noch quasi offizielle Einladungen für zehn Personen, zwei Monate im Voraus geplant, bringen uns anderen Menschen wirklich näher. Was allzu perfektionistisch daherkommt, drängt das Menschliche an den Rand, wird als kalte Pracht, Distanziertheit, Abweisung wahrgenommen. Nicht umsonst fühlen sich viele Gäste nirgends wohler als in der Küche, wo der Gastgeber gespielt lässig die Lammkeule tranchiert, lockert sich die Stimmung oft erst, wenn die Damasttischdecke mit Rotwein bekleckert und die militärische Ausrichtung der Gedecke zwanglosem Chaos gewichen ist.

Susanne und Nick, beide Anfang fünfzig, haben gelernt, wie man sich wirklich Freunde macht: Die beiden sind nicht nur vielseitig interessiert, gewandt, beredt, belesen. Sie gehören auch diversen Clubs und Interessengruppen an: einem Wanderverein, dem örtlichen Tangoclub, einer Bowlingrunde. Nick engagiert sich bei den Freien Wählern, Susanne arbeitet in der Kirchengemeinde mit. Aus diesen Aktivitäten ergeben sich zahlreiche persönliche Bekanntschaften, die Susanne und Nick konsequent pflegen: mit E-Cards zum Geburtstag, ritualisierten Fonduerunden in wechselnder Besetzung, dem Austausch von Büchern, Videos und Zeitungsausschnitten. Auch wenn man einander eine Weile lang nicht gesehen hat, erinnert Susanne sich zuverlässig an das vor zwei Monaten geführte Gespräch über Reiki, hat Nick daran gedacht, die Adresse seines Weinlieferanten herauszusuchen. Susanne und Nick treiben keinen großen Aufwand. Aber sie nehmen sich Zeit für schöne und interessante Unternehmungen und für die Menschen, die sie dabei kennen lernen.

Mit guten Beziehungen wird vieles leichter. Sie zu knüpfen und zu pflegen ist keine Hexerei. Wenn Sie sich mehr Kontakte wünschen oder engere, sollten Sie verstärkt auf die folgenden Punkte achten.

Das können Sie tun

Lernen Sie Small Talk. Mittlerweile hat er sich auch hierzulande herumgesprochen: der Nutzen des kleinen Gesprächs. Als erprobtes Mittel des Andockens und Anknüpfens öffnet der Small Talk Türen, baut Brücken und fördert Gemeinsamkeiten zutage. Seine wichtigsten Zutaten neben Einstiegssätzen (»Woher kennen Sie unseren Gastgeber?«) sind Takt und Aufmerksamkeit, wohl dosierte Informationen über die eigene Person (»Seit ich regelmäßig laufe ...«) und ein breit gefächertes Interessenspektrum. Ist das Eis gebrochen, kann der Small Talk nämlich so gut wie jedes Thema berühren. Vom australischen Rotwein bis zur Zen-Meditation ist alles möglich – sofern es im Rahmen des Verbindenden und Verbindlichen bleibt.

Kommen Sie anderen entgegen ... Wenn frisch geknüpfte Kontakte nicht im Sand verlaufen sollen, müssen sie gepflegt werden. Nun können Sie natürlich abwarten, ob der andere den ersten Schritt tut. Damit vergeben Sie sich nichts. Aber wenn der andere genauso denkt, kommt die Beziehung ins Stocken statt zum Laufen. Oder Sie gehen das kleine Risiko ein, den Anfang zu machen: Faxen Sie den Artikel, an dem der Gesprächspartner in der Vortragspause Interesse geäußert hat, schlagen Sie eine Verabredung zum Kaffee trinken vor, gratulieren Sie der reservierten Kollegin zu ihrer wirklich hervorragenden Präsentation, bringen Sie den neuen Nachbarn am Einzugstag selbst gebackenen Kuchen vorbei.

... aber nicht zu nahe. Um Freundlichkeit und Interesse zu signalisieren, genügen winzige Gesten. Versorgen Sie die zu spät gekommene Seminarteilnehmerin unauffällig mit Kaffee, bedanken Sie sich für einen guten Tipp mit einer E-Card, erwähnen Sie, dass die Parfümerie in der Innenstadt am kommenden Samstag auf alle Einkäufe zehn Prozent Rabatt gibt. Aber drängen Sie flüchtigen Bekannten Ihre Hilfsbereitschaft nicht auf. Der Kollegin, die neu in der Stadt ist, ein paar gute Einkaufsmöglichkeiten zu nennen, ist freundlich. Ihr gleich die eigene Lieblingsverkäuferin ans Herz zu legen (»Sagen Sie Regine einen schönen Gruß von mir, Sie soll Ihnen einen guten Preis machen.«), wirkt aufdringlich.

107

Bleiben Sie aufmerksam. Achten Sie auf die Vorlieben der Menschen um Sie herum. Welche Bücher, welches Essen, welche Filme der Gesprächspartner mag und welche nicht. Merken Sie sich die wichtigen Ereignisse im Leben anderer. Dass die Nachbarin demnächst wieder halbtags arbeiten wird. Dass der Kunde sich für englische Gartenanlagen begeistert. Dass die Sekretärin neuerdings Spanisch lernt und die Chefin den Kaffee mit Milch und Zucker nimmt. Wer sich solche Informationen einprägt, findet mühelos einen zwanglosen Gesprächseinstieg.

Laden Sie zu sich nach Hause ein. Einer der besten Wege, angebahnte Bekanntschaften zu vertiefen, ist die Einladung nach Hause. Wenn wir Gästen die Tür zu unserem Zuhause öffnen, übernehmen wir ja nicht nur die Sorge für Essen und Unterhaltung. Wir laden sie ein, uns näher zu kommen. Wir schenken ihnen unser Vertrauen. Wir zeigen, wie wir leben: wie wir uns einrichten, welche Bücher wir lesen, dass es zu einem kompletten Silberbesteck noch nicht gereicht hat. »Die Cafés sind gute Erfindungen, günstig für die Freundschaft«, schrieb Sully Prudhomme. »Jemand einladen heißt, ihm seine Zuneigung beweisen.«

Öffnen Sie Ihr Herz. Wenn aus Bekannten Freunde werden sollen, müssen wir irgendwann das Stadium des unverbindlichen Small Talks hinter uns lassen und auch über das reden, was uns innerlich berührt: Nicht nur über Bücher und Filme, obwohl auch das schon sehr verbindend sein kann, sondern über unsere Werte und Wünsche. Über die Liebe und das Leben. Über Scheidung und Krieg. Und notfalls auch über Krankheit und Tod. Freundschaften leben davon, dass wir mehr von uns preisgeben als unseren Lieblingsitaliener und den Namen unserer Dermatologin. Dass wir freigebig sind mit Informationen und Anerkennung. Dass Menschen füreinander da sind. Zum Lachen und Lästern, zum Zuhören und Trösten, zum Ausheulen und Aufrichten.

Beziehungen brauchen Zeit

Wer beruflich stark eingespannt ist, kurz vor dem Examen steht oder gerade das dritte Baby bekommen hat, nimmt seine Umwelt oft nur am Rande war. Eine Weile lang ist das auch ganz in Ordnung. Tragfähige Beziehungen halten einiges aus. Aber überstrapazieren sollten Sie das Verständnis der anderen nicht. Lassen Sie es deshalb nicht zur Gewohnheit werden, die beste Freundin zum wiederholten Mal am Telefon abzuwimmeln (»Du, das passt jetzt gerade schlecht, ich wickle gerade die Kleine, versuch's doch morgen Vormittag.«). Überlegen Sie es sich zweimal, ehe Sie das Mittagessen mit den Kollegen bereits zum dritten Mal in dieser Woche ausfallen lassen (»Ich muss das Strategiepapier ausarbeiten, ich esse einen Happen am Schreibtisch.«).

Wir wissen zwar, dass es Mühe kostet, neue Beziehungen aufzubauen und berufliche Kontakte zu pflegen. Aber wir neigen dazu, gewachsene Beziehungen als selbstverständlich hinzunehmen (»Andrea versteht das.« – »Die Kollegen wissen doch am besten, was hier so kurz vor der Messe los ist.«). Es ist doch geradezu ein Vertrauensbeweis, finden wir, wenn wir uns Freunden, Verwandten und guten Kollegen gegenüber auch mal gehen lassen.

Diese Einstellung mag in Zeiten funktioniert haben, als sozialer Zwang und wirtschaftliche Notwendigkeit das Zusammenleben beherrschten. Heute basieren so gut wie alle Beziehungen auf Freiwilligkeit.

▶ **Die Qualität der Bindung entscheidet darüber, ob Beziehungen aufrechterhalten werden oder nicht.**

Bekanntschaften und Freundschaften halten nur, wenn sie beiden Seiten »etwas bringen«: Anerkennung, praktische Hilfe, emotionale Unterstützung, Spaß, persönliches Wachstum, Status, die Zugehörigkeit zu einer Gruppe. Irgendwann wird deshalb der Tag kommen, an dem Andrea findet, der Alltag mit dem Baby müsste sich allmählich eingespielt haben. Oder an dem die Kollegen uns abschreiben und unsere Anwesenheit beim gemeinsamen Mittagessen schon gar nicht mehr erwarten. Gute Beziehungen gibt es so wenig umsonst wie beruflichen Erfolg. Sie kosten Zeit und seelische Energie – also genau das, wovon wir zu wenig haben oder zu haben glauben.

Grenzen setzen

Annette könnte sich ohrfeigen. Wider besseres Wissen hat sie sich überreden lassen, nächste Woche, pünktlich zum Ferienbeginn, ihren Bruder und seine Familie von Deggendorf zum Münchener Flughafen zu chauffieren. Für Annette bedeutet das eine Fahrt von gut zwei Stunden – morgens um halb fünf, am ersten Tag der Sommerferien. Axel hätte ebenso gut den Zubringerservice beauftragen können, findet sie. Aber das ist ihm zu teuer und zu unbequem. Deshalb muss Annette ran.

Muss sie nicht. Aber sie tut es trotzdem, um des lieben Friedens willen. Weil Axel sowieso nie nachgibt. Und weil ihre Schwägerin erst kürzlich wieder angeboten hat, die Wohnzimmervorhänge für Annette zu nähen. Annette hat dann zwar doch lieber eine Näherin beauftragt. Trotzdem fühlt sie sich verpflichtet, Christianes Hilfsbereitschaft zu erwidern.

Gute Beziehungen brauchen Zeit und Energie. Was andere mühsam lernen müssen, versteht sich für Annette von selbst. Harmonie ist ihr wichtig, und sie genießt es, in einen großen Freundes- und Bekanntenkreis eingebunden zu sein. Aber sie merkt auch, dass sie oft mehr Zeit und Kraft in andere Menschen investiert, als ihr gut tut. Ein Nebel aus Angst, Pflicht- und Schuldgefühlen hindert sie daran, den Erwartungen, Wünschen und Forderungen der Menschen, die ihr lieb oder wichtig sind, Grenzen zu setzen. Darunter leiden nicht nur Annettes Hobbys und berufliche Pläne, darunter leidet auch ihr Selbstbewusstsein. Es baut nicht auf, sich als Spielball der anderen zu fühlen.

Geglückte Beziehungen leben von der Balance zwischen Nähe und Distanz, zwischen Zuwendung und gesundem Egoismus. Wenn der Aspekt »Beziehungen« zu den energieaufwändigen Stars und Aufsteigern in Ihrem Lebensportfolio gehört, helfen Ihnen die folgenden Anregungen, die Belastung zu reduzieren.

Das können Sie tun

Werden Sie eigen-willig. Jeder Mensch sehnt sich nach Anerkennung, Liebe und Zugehörigkeit. Bei Beziehungsperfektionisten ist dieses Bedürfnis besonders ausgeprägt. Instinktiv wissen sie, dass Beziehungen von gemeinsamen Zielen leben. Deshalb neigen sie dazu, sich der herrschenden Meinung anzuschließen, erst recht, wenn sie mit Nachdruck vertreten wird. Machen Sie sich häufiger als bisher klar, was *Sie* möchten und woran *Sie* glauben. Bilden Sie sich Ihr eigenes Urteil. Lassen Sie sich von Ihrer Meinung nicht ohne weiteres abbringen. Wer Sie wirklich schätzt, nimmt Ihnen Ihre Eigenwilligkeit weniger übel, als Sie es sich vorstellen. Im Lauf der Zeit lernen Sie, unabhängiger von der Zustimmung anderer zu werden.

Ehrlich währt am längsten. Annette würde Axel nie mit dem Ansinnen kommen, mitten in der Nacht den Chauffeur für sie zu spielen. Aber diese Meinung behält sie für sich, weil es ihr weniger Mut abverlangt, Axels Drängen nachzugeben, als offen zu sagen: »Tut mir Leid, das passt ganz schlecht. Den ersten Ferientag möchten die Kinder und ich gemütlich angehen lassen.« Ende der Diskussion. Rückgrat braucht man schon, um ein selbstbestimmtes Leben zu führen.

Nehmen Sie sich nicht jeder Aufgabe an. Ob im Job oder im Privatleben, letztlich kümmern sich immer die Gleichen darum, Geld für den Geburtstag der Kollegin einzusammeln oder Sponsoren für das Vereinsfest zu gewinnen. Um hinterher gekränkt festzustellen, dass die Mühe weder geschätzt noch gewürdigt wird. Wenn Sie sich in dieser Beschreibung wieder erkennen, warten Sie künftig öfter ab, dass andere die Initiative ergreifen. Notfalls bekommt die Kollegin eben kein Gemeinschaftsgeschenk, gibt es beim Vereinsfest Würstchen statt Finger Food und Scampi. Davon geht die Welt nicht unter.

Falls die anderen Ihr gewohntes Engagement vermissen (»Sag mal, wir haben heuer noch gar keine Sponsoren gesucht«), spielen Sie den Ball zurück: »Stimmt. Was machen wir denn da?« Oder verteilen Sie die Arbeit: »Folgende Firmen müssen angesprochen werden. Jochen, nimmst du zu ... Kontakt auf?«

Sagen Sie freundlich: »Nein!«. Viele ungeliebte Aufgaben übernehmen wir nur, weil wir nicht wissen, wie man diplomatisch Nein sagt. Die folgenden Möglichkeiten helfen weiter.

Die Normalerweise-gern-Taktik: »Normalerweise gern, aber der erste Ferientag gehört den Kindern. Dafür hast du sicher Verständnis.«

Die Nebeltaktik: »Das kann ich nicht genau sagen. Möglicherweise habe ich an dem Tag gleich morgens einen Kundentermin. Verlass dich lieber nicht auf mich.«

Die Grundsätzlich-nicht-Taktik: »Tut mir Leid, ich habe mir vorgenommen, weniger verfügbar zu sein. Davon möchte ich nicht abgehen.«

Die Abschreck-Taktik: »Lieber nicht. Du kennst ja meine Nachtblindheit.«

Dabei belassen Sie es. Ausführlichere Erklärungen sind überflüssig. Will Ihr Gegenüber das Nein nicht akzeptieren, nutzen Sie die bewährte Schallplatte-mit-Sprung-Taktik: »Ich glaube dir, dass du für mich das Gleiche tun würdest. Ich möchte trotzdem lieber bei meinem Nein bleiben.« – »Ich verstehe deinen Standpunkt. Trotzdem: Nein.«

Weniger verfügbar sein

Britta und Katja lernten sich vor fünf Jahren bei einem Seminar kennen. Einen Abend lang unterhielten sie sich blendend, nicht nur über Job und Hobbys, sondern auch über Brittas Eheprobleme, Katjas Beziehung zu einem verheirateten Mann, das Ticken der biologischen Uhr. Natürlich wurden Adressen notiert, Treffen verabredet. Doch die Vertrautheit dieses einen Abends stellte sich nie mehr ein. Der Kontakt verlor sich im Sande. Trotzdem tauschen Britta und Katja immer noch Weihnachts- und Geburtstagsgrüße aus, wobei die guten Wünsche von Jahr zu Jahr unpersönlicher ausfallen. »Ich hasse diese Pflichtübungen«, sagt Britta. »Ich verschicke immer mehr Karten an Leute, mit denen mich im Grunde nichts verbindet.«

Oskar hat sich damals sehr dafür eingesetzt, dass sein früherer Studienkollege Tim als neuer Junior-Berater eingestellt wurde. Mittlerweile zeigt sich jedoch, dass Oskar und Tim keineswegs auf einer Wellenlänge liegen. Im Gegenteil: Tim vertritt seine Auffassungen rücksichtslos. »Wenn du auf dem Laufenden wärst, wüsstest du, dass der PC als Alleskönner ein Auslaufmodell ist«, warf er Oskar kürzlich an den Kopf – unter vier Augen, das ja. Aber trotzdem.

Eva und Claudia treffen sich fast täglich am Spielplatz. Eva würde in der

Zeit, in der die Kinder beschäftigt sind, gern lesen oder ihren Gedanken nachhängen. Stattdessen ödet die mitteilsame Claudia sie mit detaillierten Schilderungen über die Eigenheiten der Kindergärtnerin und die Querelen im Elternbeirat an. Eva kommt nach solchen unergiebigen Nachmittagen erschöpft und frustriert nach Hause.

Wir können ihnen nur schwer entkommen: jenen Menschen, mit denen uns nichts (mehr) verbindet, die uns enttäuscht haben, die uns auf die Nerven gehen. Aber aus Höflichkeit, um den Schein zu wahren, geben wir uns weiter mit ihnen ab. Hinterher ärgern wir uns, dass wir uns so vereinnahmen lassen. Aber ein klares Wort (»Claudia, sei mir nicht böse, ich möchte gerne lesen. Zu Hause komme ich momentan kaum mehr dazu. Ich bin sicher, du verstehst das.«), einen Schlussstrich wagen wir nicht. Vielleicht hilft Ihnen die folgende Überlegung weiter: Die Zeit und Energie, die Sie ungeliebten Menschen widmen, fehlt Ihnen für die Menschen und Interessen, die Ihnen wirklich am Herzen liegen. Entscheiden Sie deshalb ehrlich und mutig, in welche Beziehungen Sie investieren wollen und in welche nicht.

Das können Sie tun

Überlegen Sie, wer Ihnen wichtig ist. Blättern Sie zu Ihrem Beziehungsportfolio zurück, gehen Sie Ihr Adressbuch, Ihren Visitenkartenordner durch. Welche Menschen, welche Organisationen darin sind Ihnen wichtig? Wer ist für Sie bedeutungslos geworden? Streichen Sie alle Kontakte, die in Ihrem Leben keine Rolle mehr spielen. Tragen Sie dann in zwei Listen ein, bei welchen Menschen Sie sich wohl fühlen (Liste A) beziehungsweise welchen Menschen Sie zu viel Zeit und Energie widmen (Liste B).

Wählen Sie Freunde und Bekannte sorgfältig aus. Umkreisen Sie Namen, die auf der B-, nicht aber auf der A-Liste stehen. Diesen Menschen sollten Sie deutlich weniger Zeit widmen als bisher oder ihnen ganz den Laufpass geben. Das klingt nicht besonders nett, möglicherweise empfinden Sie dabei Schuldgefühle. Andererseits: Die Zeit, die Gedanken, die Sie Menschen widmen, die Ihnen nichts (mehr) bedeuten, enthalten Sie den Menschen vor, die Sie lieben, mögen und schätzen. Hören Sie deshalb auf, Pseudo-Kontakte zu Menschen zu pflegen, die in Ihrem Leben schon lange keine

Rolle mehr spielen. Noch wichtiger: Lösen oder lockern Sie den Kontakt zu Menschen, die einen Schatten über Ihr Leben werfen: zu der Cousine mit ihren bohrenden Fragen. Dem Kollegen, der immer nur schwarz sieht. Der Freundin, die Ihrem Partner seit Jahren feindselig begegnet.

Schichten Sie Ihr Zeitbudget um. Unterstreichen Sie die Namen, die in Liste A, nicht aber in Liste B aufgeführt sind. Für diese Menschen sollten Sie sich mehr Zeit nehmen als bisher. Am besten greifen Sie gleich jetzt zum Telefonhörer und vereinbaren ein Treffen. Schichten Sie im Lauf der nächsten Monate Ihr Zeitbudget konsequent zugunsten der bereichernden Beziehungen in Ihrem Leben um. Dafür sind Sie weniger verfügbar für Menschen und gesellschaftliche Verpflichtungen, die Ihnen im Grunde wenig bedeuten.

Mit ungeliebten Menschen klarkommen

Freunde kann man sich aussuchen. Mit Verwandten, Kollegen und Nachbarn müssen wir leben. Fast jeder hat Menschen in seinem Beziehungsportfolio stehen, die ihm nicht eben ans Herz gewachsen sind: die Schwiegermutter, die seit gut einem Jahrzehnt durchklingen lässt, ihr Sohn, ihre Tochter habe etwas Besseres verdient. Den lauten Kollegen mit seinen plumpen Witzen. Die neu zugezogenen Nachbarn, die direkt in unserem Blickfeld eine Kolonie von Gartenzwergen aufgestellt haben.

Solche Zeitgenossen zerren ja nicht nur an unseren Nerven, sie prägen auch unser Verhalten. Kaum grüßt die Nachbarin über den Zaun, kaum hebt der Kollege sein »Kennen-Sie-den?« an, stellen wir die Stacheln auf. Mag sein, dass den anderen gar nicht auffällt, welche Veränderung ihre Gegenwart in uns auslöst. Selbst aber spüren wir deutlich: Unsere gewohnte Souveränität fällt von uns ab. Das Unbehagen, das wir im Zusammensein mit manchen Menschen empfinden, äußert sich in Unfreundlichkeit und mühsam unterdrückter Feindseligkeit. Wir fühlen uns unwohl, angespannt, an die Wand gedrängt. Am liebsten würden wir den Menschen, die dieses Gefühlskonglomerat aus Wut, Verletztheit und schlechtem Gewissen in uns auslösen, einfach aus dem Weg gehen. Oder ihnen mal richtig die Meinung sagen. Ohne Rücksicht auf Verluste. Aber wir halten uns zurück. Weil wir höflich sind. Und klug.

Wir können uns nicht alle Menschen aussuchen, die uns umgeben. Aber wir können einiges tun, um Zwangsgemeinschaften erträglich zu gestalten.

Das können Sie tun

Führen Sie Regie. Finden Sie sich damit ab: Sie können oder wollen das Ensemble nicht wechseln. Aber das Drehbuch können Sie umschreiben.

Niemand zwingt Sie, jeden Anruf der Schwiegermutter entgegenzunehmen. Dank Anrufbeantworter und Rufnummernanzeige können Sie die Zahl der Kontakte auf ein für Sie annehmbares Maß reduzieren.

Entgehen können Sie dem ungeliebten Kollegen nicht. Es sei denn, Sie kündigen. Aber die Gesprächsthemen können Sie beeinflussen. Wenn der Kollege das nächste Mal anfängt: »Kommt ein Pastor zum Psychiater...«, wechseln Sie entschlossen das Thema: »Da fällt mir ein: Haben Sie Herrn May schon erreicht? Wir brauchen dringend die neuen Zahlen.«

Ihre Nachbarn haben keinen Geschmack. Das wissen Sie jetzt. Ziehen Sie daraus die Konsequenzen und pflanzen Sie, sobald es das Wetter erlaubt, eine Liguster- oder Thujahecke. Zugegeben: Das geht tüchtig ins Geld. Aber dafür sind Sie das Problem ein für alle Mal los.

Sobald Sie mehr Kontrolle über ungeliebte Beziehungen ausüben, fühlen Sie sich automatisch besser.

Klären Sie die Situation. Nichts kann die Atmosphäre so gründlich entgiften wie ein reinigendes Gespräch. Sagen Sie Ihrer Schwiegermutter in einer ruhigen Stunde, dass ihre Missachtung Sie kränkt. Lassen Sie den Kollegen beiläufig wissen, dass Sie Witzen nicht viel abzugewinnen vermögen: »Ich schätze Ihren Humor. Aber ich tue mich mit Witzen schwer.«

Gut möglich, dass Ihre Schwiegermutter Ihre Gefühle als »reine Einbildung« zurückweist. Mag sein, dass Ihr Kollege Sie für zickig hält. Einen Versuch ist die Aussprache trotzdem wert. Wenn Sie Pech haben, liegen zumindest die Karten auf dem Tisch. Wenn Sie Glück haben, verändert sich die Beziehung zum Besseren. Auf jeden Fall verändern *Sie* sich. Weil es ein gutes Gefühl ist, den Versuch einer Klärung gewagt zu haben, auch wenn kein perfektes Ergebnis dabei herauskommt.

Sagen Sie »Ich will«, nicht »Ich muss«. Niemand muss in einer ungeliebten Beziehung verharren. Die Möglichkeit, den Bruch zu riskieren, besteht immer. Wenn wir es nicht so weit kommen lassen, haben wir gute Gründe dafür: Weil uns daran gelegen ist, zumindest ein leidliches Verhältnis zu unserer Schwiegerfamilie aufrecht zu erhalten. Dem Partner, der Partnerin zuliebe. Weil wir unseren Job behalten möchten. Weil wir vorhaben, in unserem Haus alt zu werden, und nicht vor ein paar Gartenzwergen kapitulieren wollen. Machen Sie sich klar: Ganz gleich, wie sehr Sie unter einer Beziehung leiden – kein böses Schicksal zwingt Sie dazu, sie fortzusetzen. Sie selbst entscheiden sich dafür. Sicherlich mit gutem Grund.

Spielen Sie Ihre Rolle, so gut Sie können. Man kann sich auch im Zusammensein mit Menschen, die man nicht mag, Ziele setzen. Wenn gar nichts anderes hilft, wenn die Kränkung, die Abneigung zu tief sitzt, stellen Sie sich vor, Sie würden die schwierige Rolle, vor die das Leben Sie stellt, in einem Film spielen. Oscarwürdig. Charmant wie Julia Roberts. Souverän wie Sean Connery. Diese Vorstellung nimmt dem Zusammensein mit ungeliebten Menschen seinen Stachel.

»Gute Beziehungen« bedeuten für mich:

Welche Anregungen aus diesem Kapitel können Sie ohne große Anstrengung in Ihr Leben integrieren? Was werden Sie tun, um bereichernde Beziehungen zu stärken? Wie werden Sie belastende Beziehungen entschärfen? Welchem Aspekt Ihres Beziehungsportfolios werden Sie künftig mehr Aufmerksamkeit schenken?

Wie immer gilt: Setzen Sie sich kleine, objektivierbare Ziele (Nicht: »Ich muss mich um ein besseres Verhältnis zu Kollege Schubart bemühen.« Sondern: »Ich werde mich nächste Woche mit Klaus Schubart zum Mittagessen verabreden.«).

GUT IN FORM
Bleiben Sie schön gesund

Der Wunsch nach Gesundheit und einem langen Leben führt die Wunschliste der Deutschen an. Ein durchtrainierter Körper, gepflegte Haut und eine jugendliche Ausstrahlung stärken das Prestige wie Karriere, Auto, Haus und Urlaub. Wellness-Vital-Ayurveda-oder-was-auch-immer-Einrichtungen sind gefragt wie nie zuvor. Fitness-Studios und Schönheitschirurgen erfreuen sich eines regen Zulaufs. Gesundheit und Wellness liegen im Trend. »Die wichtigsten Nachfrage-Schübe der nächsten Jahrzehnte verlaufen entlang der Themen Gesundheit, psychisch-seelische Balance und Lebensqualität«, prognostiziert der Zukunftsforscher Matthias Horx.

Älter werden wir später, und gegen Krankheit sind wir versichert. Hat sich der Philosoph Peter Sloterdijk geirrt? Ist vielleicht doch ein Einspruch gegen Gott und die Gene möglich? Mediziner meinen ja. Der Bostoner Wissenschaftler George E. Vaillant leitet seit 1970 die *Harvard Study on Adult Development*, eine 1938 begonnene Langzeitstudie an 824 Männern und Frauen. Seit den vierziger Jahren unterziehen sich die mittlerweile hochbetagten Teilnehmerinnen und Teilnehmer alle fünf Jahre einer medizinischen Untersuchung und geben Auskunft über ihre psychosozialen Lebensumstände. Vaillant und seine Kollegen destillierten aus den Daten sieben Faktoren, die für Glück und Gesundheit im Alter ausschlaggebend sind.

Die besten Voraussetzungen hatten jene Studienteilnehmer, auf die bereits im fünfzigsten Lebensjahr Folgendes zutraf:

- Nikotinverzicht
- mäßiger Alkoholkonsum
- ein angemessenes Körpergewicht
- regelmäßige Bewegung

- eine stabile Partnerschaft
- ein erwachsener Umgang mit Problemen und Stress
- keine depressive Erkrankung

Nur ein einziger dieser Faktoren – die Depression – entzieht sich weitgehend dem persönlichen Einfluss. Alles andere können Sie selbst steuern. Je früher Sie damit anfangen, desto besser. Denn wir werden nicht jünger. Auch wenn Sie sich topfit fühlen: Wenn Sie gesund älter werden wollen, sollten Sie mit zwanzig oder spätestens dreißig Jahren regelmäßig etwas für Ihren Körper tun.

Ziehen Sie Bilanz: Ihr Gesundheitsportfolio

Was bedeutet für Sie Gesundheit? Nicht krank zu sein? Sich körperlich, seelisch und geistig wohl zu fühlen? Sind Sie mit Ihrem Aussehen zufrieden? Ihrer Energie? Ihrer Beweglichkeit? Hören Sie auf die Signale Ihres Körpers? Regelmäßig? Oder erst, wenn Sie krank sind? Welchen Aufwand betreiben Sie für Ihr Wohlbefinden? Mit welchem Erfolg? Wählen Sie die Faktoren und Verhaltensweisen, die Ihren Lebensstil beeinflussen aus, und zeichnen Sie sie in das Gesundheitsportfolio ein.

Alkoholkonsum	Hautpflege, Sonnenbaden
Ausdauer	Muskeltraining
Beweglichkeit	Rauchen
Bewegung, Sport	Seelische Stabilität
Entspannung	Trinken, Flüssigkeitszufuhr
Ernährung	Vorsorge
Gewicht	

Das Gesundheitsportfolio liefert keine Hinweise auf Ihren momentanen Gesundheits*zustand* – dafür konsultieren Sie besser einen Arzt. Es durchleuchtet Ihr Gesundheits*verhalten*. Leben Sie so, dass Sie möglichst lange dynamisch, fit und leistungsfähig bleiben? Analysieren Sie Ihr Gesundheitsportfolio deshalb auch, wenn Sie sich rundum wohl fühlen. Wenn Sie die ersten Beschwerden verspüren, warnt der Präventivmediziner Dr. Michael Spitzbart, sind oft schon siebzig Prozent Ihrer biologischen Reserve verbraucht.

Wie zufrieden sind Sie mit Ihrem Gesundheitsportfolio? Welche Portfolio-Elemente würden Sie gern verbessern? Zeichnen Sie Ihre Zielvorstellungen ein.

No smoking!

Täglich sterben in Deutschland weit über 200 Menschen an den Folgen des Rauchens. Raucher besitzen eine um zehn Jahre kürzere Lebenserwartung als Nichtraucher. Rauchen ist einer der Hauptfaktoren dafür, dass Männer im Durchschnitt früher sterben als Frauen.

▶ Nikotinverzicht ist die wichtigste Voraussetzung für ein glückliches, erfolgreiches Älterwerden.

Mehr muss man dazu nicht sagen. Zumal die meisten Raucher selbst wissen, dass Tabak Gift für die Gesundheit ist: Nach aktuellen Schätzungen enthält der Tabakrauch etwa 4000 unterschiedliche Substanzen, von denen mehr als 40 krebserregend sind.

Jeder zweite Raucher würde deshalb gern von seiner Sucht loskommen. Leider ist das keineswegs so einfach, wie Nichtraucher gern glauben. Das liegt unter anderem daran, dass die Endorphinproduktion im Gehirn bei Rauchern aufgrund des Nikotingenusses gestört ist. Endorphine sind körpereigene »Glücksdrogen«, die in den Gehirnzellen bei Stress, Schmerz und körperlicher Anstrengung ausgeschüttet werden. Bei Rauchern nimmt das Nikotin den Platz der Endorphine ein. Das Gehirn stellt die Endorphinproduktion ein, weil das Nikotin sozusagen als Ersatzprodukt für Entspannung und Wohlbefinden sorgt. Der Verzicht auf die Zigarette oder Zigarre bedeutet damit: Der Raucher wird zunächst weder mit Nikotin noch mit Endorphinen versorgt. Ohne Endorphinausschüttung aber bietet das Leben wenig Genuss. Nikotinpflaster und -kaugummis können die Entzugssymptome abmildern.

Countdown in ein gesünderes Leben

Mit der letzten Zigarette beginnt der Start in ein besseres Leben. Besonders frappierend: Die ersten Verbesserungen stellen sich bereits nach wenigen Stunden ein.

8 Stunden danach: Der Raucheratem ist verschwunden. Das Giftgas Kohlenmonoxid ist in den roten Blutkörperchen durch Sauerstoff ersetzt worden.

24 Stunden danach: Das Risiko, einen Herzinfarkt zu erleiden, beginnt zu sinken.

48 Stunden danach: Der Geruchs- und Geschmackssinn verfeinert sich wieder.

2 oder 3 Monate danach: Die Blutzirkulation verbessert sich. Das Gehen fällt leichter, die Lungenkapazität erhöht sich um bis zu 30 Prozent.

1 bis 9 Monate danach: Der Raucherhusten klingt ab, die allgemeine Leistungsfähigkeit steigt.

1 Jahr danach: Das Risiko, eine Erkrankung der Herzkranzgefäße zu bekommen, ist jetzt nur noch halb so hoch wie das eines Rauchers. Nach zwei Jahren fällt das Herzinfarktrisiko auf nahezu normale Werte.

5 Jahre danach: Das Risiko eines Schlaganfalls nimmt ab. Das Risiko, an Lungenkrebs zu sterben, ist wesentlich geringer als früher. Das Risiko für Krebserkrankungen der Mundhöhle ist nur noch halb so groß wie das eines Rauchers.

10 Jahre danach: Das Risiko, an Lungenkrebs zu sterben, ist nicht mehr größer als bei einem Nie-Raucher. Präkanzeröse Zellen wurden durch gesunde Zellen ersetzt.

15 Jahre danach: Das Risiko, eine Herz-Kreislauf-Erkrankung zu bekommen, entspricht dem eines Nie-Rauchers.

Gesund leben heißt konsequent leben

Ich habe noch nie in meinem Leben eine Diät gemacht. Ich hasse Magermilchjoghurt und Leinsamenbrot, und bis vor einigen Jahren hielt ich es mit Winston Churchill: no sports!

Ganz so leicht macht es mir mein Körper inzwischen nicht mehr. Heute muss ich ein bisschen mehr tun, um mein Idealgewicht zu halten: Nachtisch gibt es nur noch an Festtagen, Sahnetorte höchstens in einem Anfall von Frust oder Leichtsinn. Wir essen weniger Fleisch und mehr Fisch und Geflügel als früher. Den Appetit auf Wurst hat die BSE-Krise ohnehin zunichte gemacht. Wiederkehrende Renner auf unserem Speiseplan sind Pasta, Risotto, Salate und Gemüsegerichte in Mengen, von denen man richtig satt wird. Am liebsten mit Weißbrot und Rotwein dazu, obwohl es natürlich gesünder wäre, auf beides zu verzichten. Was das Thema Bewegung anbetrifft, habe ich dazugelernt: Seit ein paar Jahren spiele ich Golf und gehe, jedenfalls in den Wintermonaten, wenigstens zweimal in der Woche ins Fitnessstudio. Das eine begeistert mich, das andere finde ich erträglich. Deshalb, aber wirklich nur deshalb, schaffe ich es, mein moderates Sportprogramm einigermaßen konsequent durchzuhalten.

Dass ich mich nie mit Diäten und anschließendem Jojo-Effekt herumschlagen musste, verdanke ich hauptsächlich meinen Eltern. Erstens musste ich meinen Teller nicht leer essen, aber von allem probieren. Zweitens gab es bei uns regelmäßige Familienmahlzeiten mit festen Tischzeiten. Meine Schwester und ich durften erst aufstehen, wenn alle mit dem Essen fertig waren. Ich habe dadurch gelernt, langsam zu essen – ich versäumte ja nichts. Bis heute beziehe ich aus einem Stück Erdbeerkuchen so viel Genuss wie andere aus drei. Und drittens war der Doppelpack aus »Wetten, dass...?« und Erdnüssen, aus Hausaufgaben und Mohrenköpfen bei uns zu Hause tabu. Als Kind war ich deswegen manchmal ziemlich sauer. Aber die Gewohnheit habe ich beibehalten: Fischlis beim Fernsehen, Süßigkeiten am Schreibtisch – davon lasse ich die Finger.

Gesundheit beginnt im Alltag: mit einer mediterranen Ernährung und regelmäßiger Bewegung. Das Wellness-Wochenende, die Heilkur, das Naturfasten mögen eine perfekte Ergänzung dazu darstellen. Aber sie sind kein Ersatz für gute Gewohnheiten.

Testen Sie Ihre Ess- und Bewegungsgewohnheiten

Mit der folgenden Checkliste können Sie Ihre Ess- und Bewegungs-gewohnheiten überprüfen. Kreuzen Sie die Aussagen an, die auf Sie zutreffen.

○ Mein *Body Mass Index* (BMI), das Verhältnis von Gewicht und Größe, liegt im Normalbereich.

Die Bewertung des Körpergewichtes wird heute mit Hilfe des BMI vorgenommen. Man rechnet:

$$BMI = \frac{\text{Körpergewicht in kg}}{(\text{Körpergröße in m})^2}$$

Werte zwischen 18,5 und 24,9 gelten als normalgewichtig, Werte von 25,0 bis 29,9 als übergewichtig und über 30 als adipös.

○ Der größte Teil meiner Nahrung ist pflanzlichen Ursprungs: Salate, Teigwaren, Vollkornbrot, Hülsenfrüchte, Gemüse, Obst.

○ Fleisch oder Fisch esse ich höchstens zwei- bis dreimal die Woche. Beim Einkauf achte ich auf den Fettgehalt.

○ Ich vermeide tierische Fette und ersetze sie durch Pflanzenöle.

○ Ich verzichte weitgehend auf Vorgefertigtes, Eingeschweißtes, Dosenprodukte und Tiefkühlgerichte und kaufe Fisch, Gemüse und Obst immer frisch.

○ Ich trinke täglich mindestens zwei Liter Flüssigkeit. Alkohol, schwarzer Tee, Kaffee und Cola entwässern und zählen nicht zur aufgenommenen Flüssigkeitsmenge.

○ Ich trinke weniger als drei Tassen Kaffee pro Tag.

○ Ich trinke wenig Alkohol: als Frau höchstens 20, als Mann 30 Milli-gramm täglich.

○ Ich steige häufig Treppen, statt den Lift zu benutzen.

○ Mein Alltag hält mich auf Trab (körperliche Arbeit, Betreuung kleiner Kinder, Haus- und Gartenarbeit, Fußwege während der Arbeit…).

○ Ich erledige viele Wege zu Fuß oder mit dem Fahrrad.

○ Ich mache zwei- bis dreimal pro Woche mindestens 20 bis 30 Minuten Ausdauertraining bei mittlerer Belastungsintensität (zum Beispiel Rad fahren, Walking, Jogging, Schwimmen, Inline-Skating, Skilanglauf, Aerobic, Cardiotraining).

○ Ich mache mindestens einmal pro Woche 15 bis 20 Minuten lang Dehn- oder Entspannungsübungen.

○ Ich mache fast täglich Gymnastik.

Je mehr Kreuzchen Sie gemacht haben, desto gesünder ernähren und bewegen Sie sich.

Gut essen

51 Prozent der Deutschen haben Übergewicht, 14 Prozent gelten als fettleibig. Sie leben gefährlicher als Normalgewichtige: An Diabetes und Lebererkrankungen sterben Übergewichtige 2 1/2-mal öfter. Das Risiko, an einer koronaren Herzkrankheit zu sterben, liegt 60 Prozent über dem Durchschnitt. Infektionen von Operationswunden treten doppelt so häufig auf. Übergewicht gilt als Risikofaktor für Darm-, Gebärmutterschleimhaut- und Brustkrebs.

Viele Menschen kennen zwar die Spielregeln einer gesunden Ernährung, aber es fällt ihnen schwer, sie zu befolgen. Das liegt daran, dass es beim Essen nicht nur ums Sattwerden und Gesundbleiben, um Kalorien, Proteine und Ballaststoffe geht.

▶ Neben dem Nährwert hat Essen auch einen Sozialwert und einen Genusswert.

Was auf den Tisch kommt, wird deshalb immer auch von sozialen Normen und Zwängen, Erinnerungen, Gewohnheiten und ganz persönlichen Vorlieben und Abneigungen bestimmt.

Der Sozialwert des Essens

Das Mittagessen mit den Kindern? Rasche Abfütterung ohne lange Gesichter und mauliges Gezeter ist gefragt: Steinofen-Pizza aus der Mikrowelle, Spaghetti mit Ketchup, Pommes mit Würstchen stellen den Nachwuchs zufrieden und schonen das elterliche Nervenkostüm.

Weihnachten? Für viele undenkbar ohne Karpfen, Gans und Nürnberger Lebkuchen.

Der kleine Hunger zwischendurch? Ein Avocado-Mozzarella-Sandwich wäre schön. Aber während Deutschland flächendeckend mit McDonald's-Filialen versorgt ist, sind gesunde Snacks nicht an jeder Straßenecke zu finden.

Ein Geschäftspartner kommt zum Abendessen? Unvorstellbar, einen Laib Pecorino, Brot und Rotwein auf den Tisch zu stellen. Das können wir höchstens Freunden anbieten. Wichtige Gäste dürfen schon etwas mehr erwarten – Fleisch, Fisch, Geflügel. Richtiges Essen eben. »Ein hochrangiger Gast – auf den Tisch gehört ein ordentliches Stück Proteine, ins Zentrum des Mahls, in die Mitte des Tellers«, erläuterte die Motivforscherin Helene Karmasin in einem *ZEIT*-Interview. Der Grund: Fleisch gilt als männlich und offiziell. »Gemüse und Kohlenhydrate am Rand des Tellers sind niederrangig, alltäglich, weiblich, an der Peripherie.«

Der Genusswert des Essens

Essen dient uns aber nicht nur als Kommunikationssystem, vor allem und zuallererst verbinden wir Essen mit Lust. »Essen ist von zentraler Bedeutung für unser Wohlbefinden, für viele Menschen wahrscheinlich ein noch wichtigeres Vergnügen als Sex«, erläutert Paul Rozin, Psychologe an der University of Pennsylvania. Leider wirken viele der Speisen und Nahrungsmittel, die als gesund gelten, nicht eben verführerisch. Man muss schon ein Gesundheitsfanatiker sein, um ernsthaft einen Tofu-Bratling einem Entenbrustfilet und einen Bio-Apfel einer Crème Brulée vorzuziehen.

Aber mal ehrlich: Für gewöhnlich müssen wir uns weder zu Hause noch im Restaurant zwischen solchen Extrem-Alternativen entscheiden. Im Alltag geht es einfach darum, öfter mal chinesische Gemüsepfanne statt Frühlingsrolle als schnelles Mittagessen zu servieren, im Restaurant

124

anstelle der üppigen Crème Brulée lieber die karamellisierten Feigen als Dessert zu wählen, beim Backen nur 100 Gramm Schokolade in den Muffins-Teig zu geben anstelle der im Rezept vorgeschlagenen 150 Gramm.

Gesunde Ernährung ist die Summe winziger, alltäglicher Entscheidungen. Man muss nicht zum Asketen werden, um gesünder als bisher zu essen.

Das können Sie tun

Trinken Sie täglich mindestens zwei Liter. Ideal sind Wasser, Früchte- und Kräutertee. Trinken reinigt den Körper und »füttert« die Haut. Warten Sie nie den Durst ab, sondern trinken Sie unmotiviert. Servieren Sie (sich) Kaffee stilecht zusammen mit einem Glas Wasser. Damit gleichen Sie die entwässernde Wirkung aus.

Essen Sie mit Genuss. Nehmen Sie nichts zu sich, was Sie nicht vorher schön auf einem Teller angerichtet haben: keine Praline einfach so aus der Schachtel, keine Scheibe Bierschinken gleich aus dem Kühlschrank, keine Kekse direkt aus der Verpackung, keine Reste vom Kinderteller. Decken Sie den Tisch liebevoll – auch für sich allein – und essen Sie langsam, Bissen für Bissen. Ohne fernzusehen, in die Zeitung zu schauen oder nebenbei die Hausaufgaben zu kontrollieren. Legen Sie zwischendurch Messer und Gabel ab. Langsames, genussvolles Essen beruhigt – und macht schneller satt. Wenn Sie Familie haben, gestalten Sie die Mahlzeiten als Höhepunkt des Tagesablaufs: mit festen Regeln und Ritualen. Unerfreuliches – der Steuerbescheid, die Fünf in Mathe, der Ärger in der Firma – sind beim Essen kein Thema.

Behalten Sie Ihr Gewicht im Auge. Die amerikanische Vereinfachungs-expertin Elaine St. James hat dafür einen hervorragenden Tipp parat: Hängen Sie Millimeterpapier und einen roten Stift über die Waage im Badezimmer. Zeichnen Sie jeden Morgen Ihr Gewicht darauf ein. Sowie die Kurve auch nur um ein paar Gramm nach oben ausschert, steuern Sie gegen. Lassen Sie das Frühstück ausfallen, halten Sie sich an blanchiertes Gemüse, gegrillten Fisch und mageres Fleisch, bis Ihr Gewicht sich wieder im grünen Bereich befindet. Ganz wichtig: Wiegen allein genügt nicht. Nur mit der Kurve vor Augen haben Sie die Motivation, *sofort* zu handeln und nicht erst nach den Feiertagen oder wenn der Stress im Büro vorbei ist.

Füllen Sie den Vorratsschrank. Wenn die Zeit mal wieder nicht zum Einkaufen reicht, brauchen Sie nicht auf Fertiggerichte zurückzugreifen: Sind Pasta, Reis, Tomatendosen, Zwiebeln, Knoblauch, Zitronen und Olivenöl im Haus, kann nicht viel schief gehen. Mit ein paar zusätzlichen Zutaten aus dem Vorrat – Salbei von der Fensterbank, frisch geriebenem Parmesan, Safran, getrockneten Pilzen, Pinienkernen oder dem übrig gebliebenen Fenchel vom Vortag – können Sie im Handumdrehen ein Dutzend leckerer, fettarmer Gerichte zubereiten.

Entwickeln Sie eine Spürnase für Fett. Essen Sie sich an Obst, Gemüse und Kohlenhydraten satt und lassen Sie Fett weg. Idealerweise schränken Sie Ihren Fettverzehr auf etwa 20 Gramm pro Hauptmahlzeit ein, zum Abnehmen auf etwa 10 Gramm. Bevorzugen Sie fettarme Milchprodukte und mageren Käse: Hüttenkäse, Parmesan, Mozzarella und dreiviertelfetten Gouda, Edamer und Camembert (40 Prozent Fett in der Trockenmasse). Wählen Sie Hühnerbrust statt Ente, Schinken statt Salami, Seelachs statt Räucherlachs, saure Sahne statt Crème fraîche.

Plagen Sie sich nicht mit Diäten. Übernehmen Sie die Verantwortung für Ihren Speiseplan lieber in Eigenregie. Kaufen Sie sich eine Nährwerttabelle und rechnen Sie selbst: 200 Gramm Schweineschulter enthalten 45 Gramm Fett, 200 Gramm Schweinefilet 5 Gramm. Der höhere Preis des Filets sollte kein Thema sein: Reduzieren Sie einfach die Menge auf 150 oder 120 Gramm pro Portion. Das reicht aus, um satt zu werden (übrigens auch für die anderen Familienmitglieder). Ohne zu hungern und zu verzichten, sparen Sie auf einen Schlag über 90 Prozent Fett ein.

Ein bewegtes Leben führen

Wir sitzen beim Frühstück, sitzen in der U-Bahn, sitzen im Büro, sitzen beim Zahnarzt, sitzen beim Italiener, sitzen in Besprechungen, sitzen über der Steuererklärung, sitzen vor dem Fernseher. Währenddessen schreit unser Körper nach Training. Er ist nämlich für bewegtere Zeiten als unsere konzipiert: für das mobile Jäger- und Sammlerleben der Steinzeit. Und nicht für das der sesshaften Internet-Broker und Content-Managerinnen des Informationszeitalters.

▶ **Unser ganz normaler Alltag geht**
  unserem Körper wider die Natur.

Deshalb müssen wir ihm mit Sport und Bewegung einen Ausgleich verschaffen, unserer Gesundheit, unserem Aussehen, unserer Stimmung zuliebe. Im Jahr 1999 veröffentlichte das National Institute of Health (NIH) einen Bericht, der bestätigt, dass Menschen in jedem Lebensalter ihre Lebensqualität durch Bewegung erhöhen können. Regelmäßige körperliche Aktivität verringert das Risiko von Herzkrankheiten, Osteoporose, Diabetes, Bluthochdruck und stärkt die Herz-Lungen-Funktion ebenso wie die Muskelkraft.

Dafür genügt ein an sich unkompliziertes Basisprogramm. Zwei- bis dreimal die Woche mindestens eine halbe Stunde Ausdauertraining: gehen, laufen, schwimmen, tanzen, Fahrrad fahren, skaten, rudern oder gezieltes Kraft-Aufbau-Training. Die Anstrengung strafft nicht nur die Muskeln, sie bringt auch den Kreislauf in Schwung und stimuliert das körpereigene Belohnungssystem. Deshalb fühlen wir uns nach dem Sport in der Regel selbstbewusster, entspannter, leistungsfähiger und weniger deprimiert als davor.

Für Sportmuffel ist das ein schwacher Trost: Ein bis zwei Stunden in der Woche Sport zu machen, obwohl man kein Interesse daran hat, macht das Leben zunächst weder leichter noch schöner. Am Anfang helfen deshalb nur Disziplin und Selbstüberlistung: schicke Outfits, eine Freundin, die einen mitzieht, eine Sportart, die schnelle Erfolge bringt. Auch die teure Jahresmitgliedschaft im Fitnessstudio spornt an und verpflichtet. Hat man das Sportprogramm zwei, drei Monate durchgehalten, hilft die Macht der Gewohnheit beim Dabeibleiben. Dann verlangt der Körper nach seinem vertrauten Bewegungsprogramm, obwohl man den Abend eigentlich viel lieber gemütlich mit einem Buch verbringen würde.

Das können Sie tun

Wenig ist besser als nichts. Idealerweise bewegen Sie sich täglich mindestens 30 Minuten. Ausdauersportarten wie Joggen, Rad fahren, Spinning, Schwimmen, Aerobic oder Skilanglauf sind dafür genau das Richtige. Dieses Pensum schaffen allerdings nur Perfektionisten und begeisterte Sportler. Es geht aber auch ein paar Nummern kleiner – Ihr Körper ist schon dankbar, wenn Sie zwei-, dreimal die Woche Sport treiben und sich ansonsten auf den Tag verteilt *insgesamt* 30 Minuten bewegen: Mit 15 Minuten Schnee schippen und 15 Minuten Spazierengehen haben Sie Ihr sportliches Mindestprogramm erfüllt.

Lieber lang und mäßig als kurz und heftig. Dauer ist wichtiger als Intensität. Bewegen Sie sich lieber häufiger mit geringer bis mittlerer Intensität statt selten mit mittlerer bis hoher Belastung.

Suchen Sie das kleine Training zwischendurch. Je öfter Sie sich Bewegung verschaffen, desto besser. Der Alltag bietet dazu reichlich Gelegenheiten:

- Nehmen Sie grundsätzlich die Treppe statt Lift oder Rolltreppe. Damit trainieren Sie vor allem Herz und Kreislauf.
- Erledigen Sie kleinere Einkäufe mit dem Fahrrad.
- Wenn Sie mit U-Bahn, Bus oder Straßenbahn unterwegs sind, steigen Sie eine Station früher aus. Gehen Sie den Rest des Weges zu Fuß. Legen Sie kurze und mittlere Distanzen in der Stadt zu Fuß statt mit öffentlichen Verkehrsmitteln zurück.
- Nutzen Sie im Büro jede Gelegenheit, sich zu bewegen. Stellen Sie bewusst nicht alle Ordner in Reichweite auf, so dass Sie gezwungen sind, aufzustehen. Telefonieren Sie im Stehen. Schauen Sie kurz bei der Kollegin im Stockwerk über Ihnen vorbei, statt zu mailen oder zu telefonieren. Bewegung im Büro beugt hauptsächlich Haltungsschäden vor.
- Machen Sie isometrische Übungen: an der roten Ampel, in endlosen Besprechungen, beim Warten auf den Download.

Bewegen Sie sich in Ihrem Element. Freude an der Natur verbessert automatisch Ihre Bewegungsbilanz – auch ohne sportlichen Ehrgeiz: Gartenarbeit, Spazierengehen, Skilanglaufen, Wandern, Kahn fahren, Reiten.

Gut erholt

Die kommerziellen und sozialen Betätigungen rund um die Uhr machen Erholung immer schwieriger. Das fängt mit dem Nachtschlaf an. Während der durchschnittliche Erwachsene 1910 noch neun bis zehn Stunden jede Nacht schlief, finden wir heute kaum noch sieben Stunden Nachtruhe. 500 Stunden Schlaf pro Jahr entziehen wir uns, um mitzunehmen, was das Leben zu bieten hat, zu erledigen, was das Umfeld uns abverlangt. Aber nicht nur am Ende des Tages fällt es uns schwer, auf Erholung umzuschalten. Auch nach einem langen Wochenende oder dem Jahresurlaub sind wir oft nicht so ausgeruht, wie wir es uns wünschen.

Schlaf und Erholung, diese Erfahrung machen wir immer wieder, stellen sich nicht auf Knopfdruck ein. Unser Körper verweigert den Schlaf, wenn wir uns gleich nach dem Theaterbesuch ins Bett legen, weil wir morgen wieder früh raus müssen. Wir finden keine Ruhe, wenn wir uns nach einem anstrengenden Arbeitstag durch 23 Fernsehkanäle zappen. Ein Wellness-Wochenende am Tegernsee verwöhnt die Seele, zaubert aber wochenlangen Hochdruck im Büro nicht weg. Und der Schlaf, den wir uns während der Woche versagen, lässt sich am Wochenende nicht ohne weiteres nachholen.

Schlaf, Pausen, Freizeit und Urlaub allein stellen unsere Kräfte nicht wieder her. Um uns wirklich zu erholen, müssen wir uns richtig erholen. Die folgenden Anregungen helfen Ihnen dabei.

Das können Sie tun

Sorgen Sie für einen guten Schlaf. »Wer schlafen kann, darf glücklich sein«, dichtete Erich Kästner in seiner lyrischen Hausapotheke. Für dieses Glück können Sie einiges tun, auch ohne Medikamente:

- Achten Sie auf regelmäßige Einschlaf- und Aufstehzeiten, auch am Wochenende. Lernen Sie Ihren Schlafrhythmus kennen und gehen Sie erst zu Bett, wenn Sie müde sind. Gut zu schlafen ist wichtiger, als lange zu schlafen!
- Verzichten Sie auf ein spätes, üppiges Abendessen.
- Meiden Sie am Abend Kaffee, schwarzen Tee und Cola.

- Kommen Sie lange vor dem Schlafengehen zur Ruhe. Streit, aufregende Diskussionen, Psychothriller, ausgiebiges Telefonieren und Arbeiten bis spät in die Nacht verscheuchen den Schlaf.
- Gehen Sie vor dem Schlafengehen noch einmal kurz um den Block.
- Finden Sie ein Einschlafritual: Musik hören, ein Bad, eine Wärmeflasche, ein Glas warme, gesüßte Milch.
- Sorgen Sie für eine gut gelüftete, ruhige, nicht zu warme Schlafumgebung. Wenn Ihr Partner unruhig schläft, empfehlen sich getrennte Matratzen und Bettdecken.
- Schauen Sie nicht ständig auf die Uhr, wenn Sie nicht ein- oder durchschlafen können. Schlaf lässt sich nicht herbeizwingen.
- Wenn Sie nicht einschlafen können oder nachts aufwachen, sollten Sie nicht grübeln. Machen Sie lieber das Licht an, stehen Sie auf, gehen Sie unter die Dusche, meditieren Sie oder schreiben Sie sich Ihre Gedanken von der Seele.

Deuten Sie die Zeichen. Gönnen Sie sich Entspannung, sobald Sie sich angespannt fühlen. Warten Sie nicht, bis Sie Ihr Pensum erfüllt, Ihr Problem gelöst oder Ihr Projekt abgeschlossen haben. Ihr Körper braucht normalerweise nach etwa 90 bis 120 Minuten Arbeit eine Pause. Darauf deuten die folgenden Zeichen hin:

- Das Verlangen, sich zu recken oder die Muskeln zu entspannen
- Gähnen oder Seufzen
- Appetit auf einen kleinen Imbiss
- Abschweifen der Gedanken

Wenn Sie die Zeichen ignorieren, schüttet Ihr Körper Botenstoffe aus, um die Belastung zu kompensieren. Deshalb können Sie zunächst auch ohne Pause weiterarbeiten. Auf Dauer lässt sich der Körper aber nicht überlisten. Je länger Sie ihm die Erholung vorenthalten, desto länger brauchen Sie, um sich nach einer Pause wieder fit und leistungsfähig zu fühlen.

Erwarten Sie keine Instant-Erholung. Der Übergang von Anspannung zu Entspannung braucht Zeit. Solange Sie innerlich unter Strom stehen, über die Lösung eines Problems oder die spitze Bemerkung der Kollegin nachgrübeln, werden Sie keine Erholung finden. Statt die freie Zeit zu genießen, quält Sie eine Feiertagsdepression oder Urlaubsmigräne. Vermeiden Sie es deshalb, gleich nach der Besprechung am Freitagnachmittag ins Kurzwochenende zu starten oder vor dem Einschlafen noch Akten zu studieren. Gewinnen Sie lieber erst einmal Abstand – physisch, psychisch und geistig. Genussvoll zelebrierte Übergangsrituale helfen dabei: vor dem Schlafengehen Mozart hören, am Freitagabend den Kamin anzünden, den Abend vor dem ersten Urlaubstag mit einem Restaurantbesuch feiern.

Erholen Sie sich »à la carte«. Wie Sie sich richtig erholen, hängt davon ab, *wovon* Sie sich erholen möchten. Wenn Sie den Nachmittag mit zwei lebhaften Kleinkindern im Schwimmbad verbracht haben, ziehen Sie sich abends als Ausgleich mit einem anspruchsvollen Roman zurück. Nimmt Sie dagegen gerade ein schwieriges Projekt in Anspruch, braucht Ihr Geist Ruhe und Ihr Körper Bewegung: Toben Sie sich beim Spinning aus, machen Sie Yoga, schneiden Sie die Gartenhecke, fahren Sie nach dem Projektabschluss ein paar Tage an die Ostsee. Fühlen Sie sich im Job unterfordert und gelangweilt, gelten wieder andere Regeln: die Runde *Moorhuhn* in der Arbeitspause, das Tennisturnier am Wochenende oder die Rundreise durch Südafrika bieten den Kick, den Sie im beruflichen Alltag zurzeit vermissen.

Fazit: Gestalten Sie Urlaub und Pausen »à la carte«. Wählen Sie Erholungsmaßnahmen bewusst so aus, dass sie körperlich, seelisch und geistig einen Ausgleich zur vorangegangenen Beanspruchung darstellen.

Auf den Körper hören

Was unserem Wohlbefinden gut tut, gibt uns der Körper vor. Hunger, Durst, Müdigkeit, Verspanntheit, tränende Augen, Unkonzentriertheit, fahrige Bewegungen oder der Appetit auf Schokolode sind ein genauso klares Signal wie das Aufleuchten der Reservetankanzeige im Auto. Aber während wir mit dem Auto schleunigst die nächste Tankstelle ansteuern, lassen wir unseren Körper häufig auf die Erfüllung seiner Bedürfnisse warten. Falls wir sie überhaupt wahrnehmen.

Meistens sind wir nämlich viel zu sehr damit beschäftigt, unsere Pläne durchzuziehen, um auf unseren Körper zu hören. Und oft haben wir auch schlicht keine Lust dazu. Wir sind zwar längst satt, aber dem leckeren Tiramisu können wir nicht widerstehen. Der Ischiasnerv morst SOS, aber zur

Krankengymnastik gehen wir nicht. Bei dem schönen Wetter haben wir Besseres vor. Der Partner, die Partnerin findet seit Tagen, dass wir blass und nervös wirken. Dabei sollte er, sollte sie eigentlich wissen, dass momentan eben viel zu tun ist im Geschäft, jetzt, so kurz vor dem Jahresabschluss.

Niemand nimmt so viel Gleichgültigkeit einfach hin, auch unser Körper nicht. Fühlt er sich über Gebühr vernachlässigt, zieht er andere Saiten auf: Magenkrämpfe lassen uns die Lust auf üppiges Essen vergehen, akute Rückenschmerzen rauben uns den Schlaf, ein Kreislaufzusammenbruch oder eine Grippe zwingt uns zur Ruhe und ins Bett. Wer nicht hören will, muss eben fühlen.

Es liegt an uns, es nicht so weit kommen zu lassen: Wenn wir die Frühwarnsignale des Körpers erkennen und ernst nehmen, treten viele Probleme erst gar nicht auf. Allerdings müssen wir uns dafür besser beobachten: spüren, dass uns das nächste Glas Wein nicht mehr gut tun wird. Dass wir uns aus irgendeinem Grund deprimiert fühlen. Dass wir nach dem anstrengenden Wochenende todmüde sind. Fragen Sie sich am besten mehrmals am Tag, wie es Ihnen geht. Und folgen Sie den Hinweisen Ihres Körpers: Steigen Sie von Wein auf Wasser um. Nehmen Sie sich ein Stück von der Vollmilch-Nuss-Schokolade, die die Kollegin herumreicht: Das Gute-Laune-Hormon Serotonin wird Sie fröhlicher stimmen. Und gehen Sie ausnahmsweise mal früher als sonst zu Bett. *Sex in the City* und *Ally McBeal* sind auch konserviert auf Video schön anzuschauen.

»Gut in Form« heißt für mich:

Welche Anregungen aus diesem Kapitel werden Sie demnächst umsetzen? Warum? Wie genau? Bis wann? Welchem Aspekt Ihres Gesundheitsportfolios werden Sie künftig mehr Aufmerksamkeit schenken?

Die folgenden Grundsätze sollten Sie auf jeden Fall verinnerlichen, falls Sie es nicht ohnehin schon tun:

- Ich rauche nicht.
- Ich trinke täglich höchstens ein Glas Wein/Bier.
- Ich trinke täglich zwei Liter Wasser/Früchtetee.
- Ich finde eine Sportart, die ich gerne betreibe.
- Ich esse zu jeder Mahlzeit Obst oder Gemüse.

GUT UND GERN
Reduzieren Sie den Freizeitstress

Robert feiert seinen vierzigsten Geburtstag, im Stadttheater hat *Hedda Gabler* Premiere, die neue Altstadtgalerie lädt zur Vernissage, das milde Wetter lockt nach draußen, Anke meldet sich per SMS: »Lust auf Kino? Heute Abend?«, auf dem Wohnzimmertisch liegen drei ungelesene Bücher, der liebste Mann von allen bringt frischen Spargel mit, im Hintergrund jazzt Diana Krall. *'S wonderful.*

Arbeit macht nur noch das halbe Leben aus – die andere Hälfte ist Freizeit. (Sofern man einmal davon absieht, dass wir auch schlafen und unser Leben organisieren müssen. Aber das war ein anderes Kapitel.) Fest steht aber: Seit 1990 hat die Freizeit die Arbeitszeit überholt. Während wir für die Arbeit und den Weg dorthin durchschnittlich unter 2000 Stunden im Jahr aufwenden, können wir an 2100 Stunden im Jahr unseren ganz persönlichen Neigungen nachgehen, jedenfalls statistisch. Ein empirischer und prognostischer Zeitvergleich zwischen 1950 und 2010 zeigt: Wir konnten noch nie so viel Zeit nach unseren persönlichen Vorstellungen gestalten wie heute.

Trotzdem beklagen, das zeigte der Wohlfahrtssurvey 1998, weit über fünfzig Prozent der Berufstätigen einen Mangel an Muße. An einem gesunkenen Stellenwert der Arbeit liegt das nicht. Über zwei Drittel der Berufstätigen finden Leistung nach wie vor so wichtig wie Urlaub, Wochenende und Feierabend – mindestens. Zumal, wenn der Job interessant ist und Spaß macht. Allerdings etabliert sich die Freizeit zunehmend als gleichrangiger Lebensbereich neben der Arbeit. Parallel dazu wird das Freizeit-, Unterhaltungs- und Erlebnisangebot immer größer, attraktiver, raffinierter. Reisen, Freunde, Kinofilme, Bekannte, Restaurants, Spaßbäder, Verwandte, Familienfeste, Fernsehserien, Yogakurse, Straßenfeste, Open-Air-Events konkurrieren um einen Platz in unserem überquellenden Terminkalender.

Wir haben jede Menge Freizeit, das steht fest. Aber während die Deutschen vor fünfzig Jahren den Feierabend und die Wochenenden gern mit Aus-dem-Fenster-Schauen verbrachten, erwarten wir uns heute von der Freizeit erheblich mehr, als nicht arbeiten zu müssen: Sinn, Spaß, Status, Selbstentfaltung, Stressabbau. Deshalb stehen viele Menschen auch in der freien Zeit unter Termindruck. Wie Sie ohne Freizeitstress mehr aus Ihrer Freizeit machen, erfahren Sie in diesem Kapitel.

Ziehen Sie Bilanz: Ihr Freizeitportfolio

Wie verbringen Sie Ihre Freizeit? Was erwarten Sie sich davon? Spannung oder Entspannung? Spaß oder Seelenfrieden? Alleinsein oder Zusammensein mit anderen? Wie bewusst gestalten Sie die freie Zeit jenseits von Kindern, Küche und Karriere? Überlegen Sie, welche Aktivitäten Ihnen in Ihrer Freizeit wichtig sind und tragen Sie sie in ein Portfolio ein.

Abenteuer	Kreativ sein (Malen, Musizieren, Fotografieren...)
Abwechslung	
Anregung	Kultur (Theater, Museen, Bücher)
Ansehen	
Besinnung	Muße
Ehrenamt	Natur
Essen gehen	Neue Eindrücke und Erlebnisse
Erholung, Entspannung	Reisen
Faulenzen, Dösen, Nichtstun	Ruhe
Fernsehen, Video, Medien	Selbstverwirklichung
Feste, Partys	Soziales Engagement
Hobbys	Spaß
Konsum	Sport
Kontakte, Geselligkeit	Weiterbildung

Wie zufrieden sind Sie mit Ihrem Freizeitportfolio? Empfinden Sie es als überfrachtet oder eher als schlecht bestückt? Halten anregende und beruhigende Aktivitäten einander die Waage? Was würden Sie gern verändern? Zeichnen Sie Ihre Ziele in das Portfolio ein.

Freizeit als Fortsetzung der Arbeit mit anderen Mitteln

Markus, 42, führt eine gut gehende Steuerkanzlei. Als Mitglied im Lions Club, Vorsitzender der Wirtschaftsjunioren und engagiertes Parteimitglied ist er an mehreren Abenden pro Woche unterwegs. Bei den Vereinsfreunden genießt er hohes Ansehen, viele von ihnen zählen zu seinen Mandanten. Am Wochenende ist Markus gemeinsam mit seiner Frau häufig auf dem Golf- oder Tennisplatz anzutreffen. Er schätzt den Sport als Ausgleich zur Schreibtischarbeit, aber auch als Gelegenheit zum zwanglosen Networking. »Freiberufler wie ich«, findet Markus, »sollten Clubbeiträge steuerlich geltend machen können.«

Susanne, Multimedia-Designerin, 28, verbringt ihre Freizeit am liebsten mit den Kolleginnen und Kollegen aus der Agentur: beim Skat, im Kino, in gemütlicher Runde bei Rotwein und Pasta. »Bei uns im Team herrscht eine super Stimmung«, sagt sie. »Klar reden wir auch mal nach Feierabend über das neue Screendesign.«

Ben, 33, ist Elektroniker bei einem großen PC-Hersteller. Wenn seine zweijährigen Zwillinge es zulassen, sitzt er auch in der Freizeit am liebsten am PC. »Ich engagiere mich für ein Open-Source-Projekt«, erzählt er. »Das ist eine unglaublich faszinierende Sache.«

So wenig Markus, Susanne und Ben auf den ersten Blick gemeinsam haben, in einem gleichen sie sich doch: Sie schalten von der Arbeit kaum ab. Freizeit und Job gehen nahtlos ineinander über: Hier wie dort herrschen die gleichen Interessen, die gleichen Gesichter, die gleichen Inhalte vor. Hier wie dort wird das Leben aus der gleichen Perspektive wahrgenommen. Die Fortsetzung der Arbeit auch in der Freizeit schränkt die Entfaltung der Persönlichkeit ein.

▶ Eine Seite wird perfektioniert, alle anderen kommen zu kurz.

Mehr seelisches Wachstum ist möglich, wenn wir in der Freizeit bewusst nach *anderen* Erfahrungen suchen als im Job.

Das können Sie tun

Gestalten Sie die Freizeit als Kontrastprogramm. Der Geschäftsführer, der die Wochenenden regelmäßig zur Pflege geschäftlicher Kontakte nutzt, die Musiklehrerin, die nachmittags Geigenschüler unterrichtet, abends im Streichquartett mitwirkt und am Wochenende mit dem Kirchenchor probt, verzichten auf die Entwicklung ihrer persönlichen Vielseitigkeit, ihrer *Selbstkomplexität*. Lassen Sie sich in der Freizeit auch auf Aktivitäten ein, die sich von Ihren beruflichen Aufgaben unterscheiden. Je mehr Talente, Interessen und Rollen Sie ausleben, desto gesünder, erfolgreicher und ausgeglichener werden Sie sein. Desto weniger werfen Niederlagen und Krisen Sie aus der Bahn.

Auf die Mischung kommt es an. Suchen Sie bei der Wahl von Hobbys und Interessen den Wechsel zwischen Konzentration und Faulenzen, zwischen geselligen und eher einsamen Aktivitäten, zwischen dem Anspruchsvollen und dem Trivialen, zwischen Aktivität und Passivität. Pflegen Sie möglichst je ein kreatives Hobby (Malen, Musizieren, Schreiben, Gärtnern, Kochen ...), ein sportliches Hobby und ein eher passives musisches Hobby (Lesen, Kino, Fernsehen, Musik hören, ins Theater gehen). Mindestens eine Ihrer Lieblingsbeschäftigungen sollte Sie in Kontakt zur Natur bringen.

Die Logistik-Managerin, die in einer Laiengruppe Theater spielt, im Urlaub Bergsteigen geht und sich bei klassischer Musik entspannt, entwickelt viele unterschiedliche Facetten ihrer Persönlichkeit. Der Zahnarzt, der jede freie Minute zum Skifahren, Bergsteigen, Drachenfliegen und Kajakfahren nutzt, setzt dagegen privat alles auf eine einzige Karte: den Extremsport.

136

All inclusive

Wir sind qualifiziert, informiert, etabliert. Wir verdienen ganz gut und investieren nicht schlecht. Unsere Grundbedürfnisse und ein paar andere dazu sind gedeckt. Wir brauchen nichts. Wir haben alles, jedenfalls im Prinzip. Trotzdem ist der Prozentsatz derer, die sich als glückliche Menschen betrachten, nicht größer als vor fünfzig Jahren. Uns fehlt es an greifbaren Zielen, behaupten die Soziologen. Ist die Familie gegründet, das Haus gebaut, die Karriere am Laufen, wenden wir uns dem Projekt des schönen Lebens zu. Wir wollen Genuss, Thrill und Abenteuer. Möglichst vollkaskoversichert und gerne mit allem Komfort. Freizeitpark statt Fahrradtour, Pauschalurlaub statt Interrail, Asia Snack statt Sauerbraten. »Die Erlebniskonsumenten von heute wollen perfekte Illusionen. Und sie sind auch mit Scheinwelten zufrieden, wenn diese die Wirklichkeit übertreffen«, sagt der Hamburger Freizeitforscher Horst Opaschowski.

Die Freizeit-, Unterhaltungs- und Medienindustrie hat auf das Bedürfnis nach leicht konsumierbaren Reizen und Extremen längst reagiert: Sie liefert uns Spaß, Spektakel und Romantik frei Haus – per Kabelfernsehen und Pay-TV. Karibikurlaub in abgeschotteten Ferienparadiesen – all inclusive. Richard Wagner light – vielleicht demnächst als Musical. Für alle, denen *Götterdämmerung* dann doch zu viel ist.

Unser Erlebnishunger ist unstillbar, aber um selbst aktiv zu werden, fehlt uns nach einem anstrengenden Arbeitstag oft die Energie oder die Phantasie. Statt Schach zu spielen oder Malefiz, schauen wir Günther Jauch und seinen Kandidaten beim Spielen zu.

▶ **Wir verharren in Entropie, schalten in den geistigen Leerlauf.**

Wir lassen uns berieseln, animieren, unterhalten, verwöhnen beim Erlebnisurlaub, beim Erlebniseinkauf, im Erlebnisbad. Nur die Fernbedienung bedienen wir selbst.

Dabei hat die Glücksforschung schon vor Jahren festgestellt: Glück lässt sich nicht durch passive, wenn auch raffinierte Pseudo-Erlebnisse steigern. Glück ist nur auf Umwegen zu haben: über Flow erzeugende Aktivitäten, die unsere Potenziale aktivieren. Klavier spielen gehört dazu, ein schönes Essen kochen, Briefe schreiben, Fotografieren, Ski fahren, im Garten arbeiten – die ganze Palette sportlicher und kreativer Hobbys, die

Konzentration und Können erfordern. Solche Lieblingsbeschäftigungen sind meistens weder Aufsehen erregend noch sonderlich kostspielig. Dafür bereiten sie uns ein Leben lang Freude.

»Was bin ich doch für eine glückliche Frau«, schreibt Elizabeth von Arnim in ihrem berühmten Gartentagebuch, »dass ich in einem Garten lebe, mit Büchern, Kindern, Vögeln und Blumen und reichlich Muße, all das zu genießen! Meine Bekannten in der Stadt empfinden dies als Gefangenschaft und Begrabensein und als weiß Gott was noch und würden die Luft zerreißen mit ihren gequälten Schreien, wenn sie zu solch einem Leben verdammt wären. Manchmal habe ich das Gefühl, ich wäre von Natur aus begnadeter als meine Mitmenschen, da ich so leicht zu meinem Glück komme.«

Das können Sie tun

Machen Sie sich klar, was Ihnen gut tut. Was in der Freizeit gut für Sie ist, hängt auch von Ihrer Arbeit ab. Wenn Sie den Job, die Ausbildung, die Erziehungsarbeit eher als monoton oder eindimensional empfinden, sollten Sie in der Freizeit sportliche und kreative Hobbys bevorzugen, die Ihrem Alltag Farbe geben: einen Tauchkurs machen, die Wohnung renovieren, Saxophon lernen, für den Stadtrat kandidieren.

Erleben Sie die Arbeit dagegen als interessante, womöglich sogar spielerische Herausforderung, können Sie sich in der Freizeit ruhig passiveren Beschäftigungen und schlichteren Freuden zuwenden: fernsehen, mit den Kindern spielen, einen Roman mit Happy End verschlingen, zur Massage gehen, im Café sitzen und Passanten beobachten, im Garten arbeiten.

Geben Sie dem Flow eine Chance. Flow lässt sich nicht herbeizwingen. Sie können ihn aber mit den richtigen Aktivitäten herbeilocken. Flow-förderlich sind alle (Freizeit-)Beschäftigungen, die Ihr Können herausfordern, Ihre Aufmerksamkeit fesseln und auf ein klares Ziel hin ausgerichtet sind: ein Vier-Gänge-Menü für sechs Personen kochen, ein Fahrrad reparieren, ein Musikstück einüben, einen Marathon-Lauf bewältigen.

Steigern Sie die Anforderungen. Flow stellt sich ein, wenn Herausforderung und Fähigkeit einander entsprechen. Zu niedrige Anforderungen langweilen, zu hohe lösen Angst und Frustration aus. Um die Freude an einem Hobby zu bewahren, müssen Sie sich mit zunehmendem Können immer wieder neue, komplexere Ziele setzen.

Zwingen Sie sich zu Ihrem Glück. Wenn nach einem langen Arbeitstag die Hemden gebügelt und die Kinder im Bett sind, fühlen wir uns oft lustlos und kaputt. Es fällt uns leichter, den Fernseher einzuschalten oder ins Internet zu gehen, als uns ans Klavier zu setzen oder in ein Buch zu vertiefen. Selber tun macht zwar letztlich erheblich mehr Freude als passives Konsumieren – aber eben nicht gleich und sofort. »Es ist jedes Mal mindestens eine halbe Stunde oft langweiligen Übens erforderlich«, so Mihaly Csikszentmihalyi, »bevor Klavier spielen Spaß macht.« Flow ist nur um den Preis von Selbstüberwindung zu erleben.

Tschüss, ich muss weiter

Die Lockungen der Freizeitindustrie machen hungrig, aber nicht satt. Wie von Paprikachips und Pistazienkernen können wir auch von Erlebnisreizen nicht genug bekommen: Oscar-Nacht, Formel I, Weihnachtsmarkt, After-Business-Party, Biergarten, Frühjahrsplärrer, die lange Nacht der Museen. Und alle Tage wieder: *Gute Zeiten, schlechte Zeiten.* Je mehr Erlebnismöglichkeiten uns zur Verfügung stehen, desto schneller stumpfen wir dagegen ab. Desto mehr Nachschub brauchen wir.

▶ Leider hat der Tag nur 24 Stunden. Deshalb können wir die Zahl der Erlebnisse nicht beliebig steigern.

Die zweite Stufe der Jagd nach dem Glück besteht folglich in der Verdichtung, der Anhäufung der Erlebnisse pro Zeiteinheit. Wir zappen uns durchs Leben wie durchs Vorabendprogramm: Vom Stadtmarkt zum Schuhkauf, vom Babyschwimmen zur Krabbelgruppe, vor der Disco ins Kino, nach dem Theater in die Tapas-Bar, zum Karneval nach Venedig, übers Wochenende nach Mallorca. Schlag auf Schlag. Stop and go. Hin und weg. Eindruck folgt auf Eindruck, was langweilt, wird weggeklickt, das Leben rauscht wie eine Nebelschwade vorbei. Einer Zeitbudgetstudie zufolge sind bereits seit einigen Jahren alle Freizeitbeschäftigungen rückläufig, die zwei Stunden oder länger dauern.

»Also tschüss dann, ich muss weiter«, heißt die Abschiedsfloskel aller Freizeit-Gestressten und Erlebnis-Gehetzten, die nach dem Abendessen und vor der Chorprobe noch mal eben ein paar Runden um den Block joggen. Der nächste Termin wartet nicht, zum Zuhören, Nachfragen, Vertiefen bleibt keine Zeit, nicht nur Kinder leiden unter Aufmerksamkeitsdefiziten. Zerstreut verläppern wir das Leben.

Fit for fun

Der Körper wird zum Fetisch der Spaßkultur. Die alternde Gesellschaft scheut keine Anstrengung, sich zu verschönern oder wenigstens zu konservieren. Am Sonntagvormittag sind die Fitnessstudios so voll wie früher die Kirchen. Statt dem Geist Nahrung zu geben, trimmen wir Bauch, Beine, Po. Gleichzeitig boomt der sportliche Wahnsinn: Bungee-Jumping, Drachenfliegen, River-Rafting, Free-Climbing. You name it, you'll have it. In der Spaßgesellschaft dient Sport weniger der Gesunderhaltung des Körpers als der Body-Modellierung und dem Nervenkitzel. Super drauf sein, heißt das Credo, *Fit for fun* die Bibel des Körperkults.

Zeit und Raum vergessen

Bewegung ist gesund. Bewegung tut gut. Bewegung hebt die Lebensfreude. Flow stellt sich besonders leicht beim Sport ein, wenn die Anstrengung uns unsere ganze Kraft, Energie und Geschicklichkeit abverlangt. Schwierige sportliche Herausforderungen – die Gefahren beim Bergsteigen, die körperliche Verausgabung beim Marathonlauf, die Konzentration beim Bogenschießen – lassen uns Zeit und Raum vergessen. Im Idealfall können wir in solchen Momenten unser Potenzial voll ausschöpfen, ohne uns zu überfordern. Wir bewegen uns auf dem feinen Grad zwischen Anspannung und Entspannung. Wir sind eins mit der Welt und mit uns selbst im Reinen. Wir gehen in unserem Tun auf.

Steht der Sport dagegen hauptsächlich unter dem Zeichen Spaß, Abenteuer und Status, erleben wir seine beglückende Wirkung allenfalls in abgeschwächter Form. Die Hochstimmung des Flow stellt sich nämlich bevorzugt dann ein, wenn wir eine Tätigkeit *autotelisch*, also um ihrer selbst willen, ausüben (griech. *auto* selbst, *telos* Ziel).

Alles mitmachen

Die hyperaktive Gier nach Spaß prägt nicht nur Trendsportarten, sie erfasst sogar die Wohlfühlwelle: Selbst Wellness-Urlaubern bleibt die ersehnte Entspannung versagt, weil sie in kurzer Zeit zu viel wollen. Vom Whirlpool ins Heublumenbad, vom Peeling zur Aquagymnastik, dazwischen auf die Massagebank. »Den ganzen Tag Juchhei, danach sind sie fix und fertig«, kritisiert Lutz Hertel, der Vorsitzende des Deutschen Wellness-Verbandes, in einer *ZEIT*-Reportage die hektische Betriebsamkeit.

Am Ende solcher Vergnügungen bleibt oft ein schales Gefühl. Wir haben uns amüsiert, das ja. Aber Freude und Entspannung, Flow und Muße haben wir auch diesmal nicht gefunden. Beides setzt nämlich die Fähigkeit voraus, Langeweile oder Anstrengung auszuhalten. Eine halbe Stunde, vielleicht sogar einen ganzen Nachmittag lang. Dafür aber ist vielen ihre Freizeit zu schade.

Kein Risiko scheuen

Extremsportarten und Abenteuerurlaub haben Hochkonjunktur. Die Rundum-Sorglos-Gesellschaft liebt den Nervenkitzel. »Das Risiko«, zitiert die *Berliner Morgenpost* im März 2001 einen jungen Wintersportler, »macht den Sport erst richtig geil.«

An und für sich ist der Sport für ruhelose Erlebnisperfektionisten das ideale Betätigungsfeld. Körperliche Bewegung, das gehört zu den Binsenweisheiten der Wohlstandspsychologie, ist das einfachste Hilfsmittel gegen Reizarmut. Zum echten Problem wird die Suche nach dem ultimativen Kick erst, wenn das Gefühl für das Risiko fehlt. Wenn der Thrill auf Teufel komm raus gesucht wird. Wenn Unerfahrenheit und mangelhaftes Training Adrenalin-Junkies zur Gefahr für sich und andere werden lassen.

Es allen zeigen

»Du bist, was du hast«, das war mal. Heute gilt: »Du bist, was du machst.«
Es ist eben schon etwas anderes, ob jemand schwimmt, skatet oder segelt,
radelt, rudert oder reitet, Schlitten, Kajak oder Boxster fährt. Ob das Golf-
handicap bei 54 oder 12,3 liegt. Ob man in der A-Mannschaft spielt oder
nur in der B-Klasse. Nichts gegen Exklusivität, Ehrgeiz und Trendsportarten. Aber wer beim Sport vor allem nach Siegen, Preisen und Anerkennung schielt, wird dabei kaum Glücksgefühle empfinden. Wenn wir einen
Sport hauptsächlich betreiben, um andere zu beeindrucken, stehen die
Chancen schlecht, Flow zu erleben.

Das können Sie tun

Setzen Sie Prioritäten. Mit der Freizeit ist es wie mit allen anderen Lebensbereichen: Sie bietet uns mehr Möglichkeiten, als wir nutzen können. Eine
Studie des Familieninstituts der Universität Freiburg/Schweiz ergab, dass
Freizeitstress das Scheidungsrisiko signifikant erhöht – mehr als beruflicher oder familiärer Stress. Wenn Sie Ihre Freizeitaktivitäten in den nächsten drei Monaten auf drei Interessen (ein sportliches, ein kreatives, ein
passives musisches Hobby) beschränken müssten – welche würden Sie
wählen?

Machen Sie nicht alles mit. Zeit zu haben bedeutet, bewusst auf viele Un-
terhaltungs- und Erlebnisangebote zu verzichten. Niemand kann dreimal
die Woche joggen, die Volleyball-Mannschaft trainieren, Rosen züchten,
zweimal täglich meditieren, montags in die Sauna gehen und dienstags zum
Gourmet-Kochkurs und bei alledem auch noch ruhig und gelassen sein.
Wenn Sie sich mehr Zeitwohlstand wünschen, führt kein Weg daran vorbei,
Hobbys und Unternehmungen auf ein realistisches Maß zu reduzieren.

Fangen Sie mit kleinen Schritten an: Streichen Sie Ihren Namen aus der
Turnierliste für das Tennismatch am nächsten Samstag. Setzen Sie Freunden gekaufte Antipasti statt selbst gekochter vor. Verzichten Sie auf den
Kurztrip nach Salzburg. Vertiefen Sie sich stattdessen in aller Ausführlich-
keit in die Wochenendbeilage. Oder laden Sie spontan die Nachbarn auf
ein Glas Wein ein. Sie haben alle Zeit der Welt.

Erleben Sie Weniges tief statt Vieles flüchtig. Das Hopping von Genuss zu Genuss lässt uns kaum mehr Zeit zu Vorfreude und Erinnerung. In unserem Leben passiert zu viel, als dass wir einem besonderen Ereignis entgegenfiebern und noch lange davon zehren würden.

Räumen Sie Höhepunkten in Ihrem Leben wieder den Raum ein, den sie verdienen: Statt in einer Woche ins Kabarett, in die Turner-Ausstellung und womöglich noch zur Autorenlesung zu gehen, beschränken Sie sich auf den Besuch der Ausstellung. Setzen Sie sich als Vorbereitung eingehend mit Leben und Werk des Künstlers auseinander, halten Sie Ihre Eindrücke als Tagebucheintrag fest, leisten Sie sich den Ausstellungskatalog oder Postkarten Ihrer Lieblingsbilder, lassen Sie die Erinnerung immer wieder aufleben.

»Gut und gern« bedeutet für mich:

Welche Anregungen aus diesem Kapitel möchten Sie in nächster Zukunft umsetzen? Bei welcher Gelegenheit? Warum? Was werden Sie tun, um Ihren Freizeitstress zu reduzieren? Welche Möglichkeiten sehen Sie, mehr Flow in Ihr Leben zu bringen? Welchem Aspekt Ihres Freizeitportfolios werden Sie künftig mehr Aufmerksamkeit schenken? Machen Sie einen konkreten Plan – aber nehmen Sie sich nicht zu viel vor.

DES GUTEN ZU VIEL
Machen Sie sich nicht verrückt

> »*The more there is, the less I want.*
> *The more man flies to the moon,*
> *the more I want to look at a tree.*«
> AUDREY HEPBURN

Die Welt steht uns offen. Wir sind mobil, informiert, geschmackssicher, erreichbar. Wir kennen die Spielregeln für Sieger, den Weg zur ersten Million und die Sextechniken, die ihn beziehungsweise sie verrückt machen. Wir brauchen Stirnfalten ebenso wenig als schicksalhaft hinzunehmen wie zappelige Kinder. Gegen das eine hilft Botox, gegen das andere Ritalin. Was bis vor kurzem für die meisten Standard war, wird zu einer Option von vielen: der Job fürs Leben, die 37,5-Stunden-Woche, der Betriebsurlaub, die Dreieinigkeit aus verliebt, verlobt, verheiratet. Wer will, erfindet und entscheidet sich immer wieder neu. Anything goes. Just do it.

Schöne neue Welt? Es kommt auf die Lebenssituation an. Junge Erwachsene, Singles und High-Potentials hält, vorerst jedenfalls, wenig davon ab, sich ihren Lebensstil in immer neuen Formen zu konstruieren. Jobs und Liebespartner auszuprobieren wie Jeans und Sneakers, risikofreudig mit den Möglichkeiten der Individualisierung, Globalisierung und Technologisierung zu spielen. Die Vielzahl der Möglichkeiten macht Spaß.

Für die meisten endet der Tanz auf dem Vulkan nach wenigen Jahren. Sobald wir uns binden, Wurzeln schlagen, Kinder kriegen, ist das Leben kein fröhliches Puzzle mehr. Sondern komplex wie Rubics' Zauberwürfel.

Wir sind kaum dreißig, und unser Wissen fängt an zu veralten.

Wir machen Karriere, aber die Familie zieht nicht mit.

Wir haben die Wahl zwischen Kaffee in zwölf Variationen (Espresso, Cappuccino, Caffé latte – wahlweise *tall, grande, king size*), aber keinen Anspruch auf einen Krippenplatz.

Wir sind ständig erreichbar, aber in Gedanken woanders.

Wir werden bald vierzig, und die Versorgungslücke gibt uns zu denken.

Wir huldigen dem Zeitgeist. Aber die Zeit macht nicht vor uns Halt.

Irgendwann zwischen dreißig und vierzig beginnen wir zu ahnen: Die Vielzahl der Möglichkeiten macht Spaß. Aber macht sie auch Sinn? In diesem Kapitel geht es um die Frage, wie wir die Freiheiten der Multi-Options-Gesellschaft nutzen können, ohne uns von ihren scheinbar unbegrenzten Möglichkeiten verrückt machen zu lassen.

Ziehen Sie Bilanz: Das Erwartungsportfolio

Welche der folgenden Eigenschaften sind Ihnen wichtig? Welche verlangen Sie sich ab, um privat und beruflich gut anzukommen? Wie viel Aufwand betreiben Sie, um den Ansprüchen von Arbeitsmarkt und Zeitgeist (»jung, flexibel, belastbar«) zu genügen? Mit welchem Erfolg? Tragen Sie das Ergebnis Ihrer Überlegungen in das Portfolio Ihrer Erwartungen an sich und das Leben ein.

ästhetisch, geschmackssicher	informiert
belastbar	innovativ
dynamisch	jung, schlank, fit
engagiert	kreativ
erfolgreich	leistungsstark
erreichbar	mobil
erstklassig	risikobereit
flexibel	selbstbestimmt
gut situiert	spontan
individuell	

Wie zufrieden sind Sie mit Ihrem Portfolio? Können Sie die Ansprüche, die Sie an sich und Ihr Leben stellen, problemlos erfüllen? Oder erhalten Sie in manchen Bereichen die Fassade nur mühsam aufrecht? Welche Ansprüche und Erwartungen möchten Sie herunterschrauben? Zeichnen Sie Ihre Zielvorstellungen in das Portfolio ein.

Die Spirale des Möglichen...

Wir haben die Wahl: Auslandssemester in England oder Praktikum bei Roland Berger? Ahornparkett oder Terrakottafliesen? Powerpoint-Präsentation oder freier Vortrag? Je vielfältiger die Möglichkeiten, desto schwieriger die Entscheidung. Zumal wir aus Erfahrung wissen: Ganz gleich, worauf wir uns festlegen, am Ende geht es immer noch eine Nummer größer, eine Spur luxuriöser, einen Hauch kreativer.

Auslandssemester oder Praktikum? Christoph wählt das renommierte und gut dotierte Praktikum. Das Auslandssemester läuft mir nicht davon, denkt er und fühlt sich wie der Herr des Universums. Bis er erfährt, dass eine Studienkollegin demnächst für ein halbes Jahr nach Japan geht. Als Praktikantin zu Coca-Cola.

Ahornparkett oder Terrakottafliesen? Als Ulrich und Paula vor fünf Jahren ihr Haus bauten, entschieden sie sich nach langem Hin und Her für den hellen Ahornboden. Fünf Jahre später sind sie sich einig: Gebeiztes Mahagoni wäre schicker gewesen.

Powerpoint-Präsentation oder freier Vortrag? Ayshas aufwändig gestylte Powerpoint-Präsentation kam gut an. Aber sie selbst empfindet ihre Unterlagen im Vergleich zu den witzigen Handzeichnungen des Nachredners als steril. Als sie dem Konkurrenten wohlerzogen gratuliert, wehrt er mit gespieltem Understatement ab: »Ich habe einfach Glück, dass meine Freundin Kunst studiert.«

Wir können uns noch so sehr bemühen: Im Zeitalter der unbegrenzten Möglichkeiten wissen wir nie, ob wir die optimale Wahl getroffen, unser Möglichstes getan, das beste Stück vom Kuchen abbekommen haben. Je vielfältiger die Alternativen, je verlockender die Angebote, je höher die Erwartungen, desto unzufriedener macht uns das Erreichte.

… macht uns nicht glücklich

Unser Unbehagen angesichts immer größerer und attraktiverer Angebote hat nichts mit Verwöhntheit zu tun. Hinter unserem Überdruss an der Wahlfreiheit, die wir genießen, steckt ein psychologisches Grundprinzip. Die amerikanischen Psychologen Sheena S. Iyengar und Mark R. Lepper wiesen in einem Experiment nach:

▶ **Ein Übermaß an Wahlfreiheit löst Verunsicherung aus.**

Versuchspersonen sollten aus einem Angebot von dreißig verschiedenen Schokoladensorten eine ihrer Wahl probieren. Falls ihnen die Schokolade schmeckte, durften sie eine Tafel davon als Geschenk mit nach Hause nehmen. Am Ende des Tests waren nur zwölf Prozent der Teilnehmer an der Gratisgabe interessiert. Die Begründung: Die Auswahl habe zwar Spaß gemacht, aber beim Probieren der gewählten Schokolade machte sich das Gefühl breit, man habe eine schlechte Wahl getroffen. Die Kontrollgruppe reagierte anders: Die Teilnehmer der zweiten Gruppe wurden mit einem reduzierten Angebot von »nur« sechs Schokoladen abgespeist. In dieser Gruppe ließen sich 48 Prozent der Teilnehmer die Schokolade schenken, überzeugt, eine gute Entscheidung getroffen zu haben.

Die Wissenschaftler zogen daraus den Schluss: Unbegrenzte Möglichkeiten wirken zwar zunächst attraktiv, aber sie bringen uns in eine Zwangslage. Ganz gleich, wofür wir uns entscheiden, bei einem unübersichtlichen Angebot bleibt der Zweifel, ob es nicht doch eine bessere Option, eine perfektere Lösung gegeben hätte.

Geht es nur um Schokolade, ist diese Unsicherheit zu verkraften. Was aber, wenn wir abwägen müssen, ob wir das Produkt freigeben oder lieber doch noch einmal einem Testlauf unterziehen sollen? Ob wir günstiger fahren, wenn wir den neuen Wagen bar bezahlen oder leasen? Ob wir Peter, Paul oder vorerst gar nicht heiraten? Ob wir aufrecht oder liegend entbinden sollen? Ambulant oder stationär? Mit Periduralanästhesie oder ohne?

Das Wissen um die auch vorhandenen, aber nicht genutzten Möglichkeiten kann zur Qual werden. Wir drehen uns im Kreis, sichern uns ab, lassen uns beraten, bessern nach, nur für alle Fälle. Und wissen am Ende, dass wir noch längst nicht alle Möglichkeiten ausgeschöpft haben. Mit dieser Unsicherheit umzugehen ist nicht einfach.

Das können Sie tun

Zielen Sie ins Schwarze. Überlegen Sie, worauf es Ihnen wirklich ankommt. Wollen Sie in Ihrem Vortrag Ihr Publikum auf der Sachebene ansprechen? Geht es darum, das Thema knapp und verständlich zu präsentieren? Dann liegen Sie mit Ihren einleuchtenden, sparsam gestalteten Powerpoint-Folien genau richtig, unabhängig davon, was Ihre Konkurrenten sich einfallen lassen. Anders wäre es, wenn Sie Ihre Zuhörer auf der Gefühlsebene erreichen möchten. Dann, aber eben nur dann, würde es sich lohnen, über eine ausgefallene Visualisierung nachzudenken.

Schränken Sie die Optionen schon im Vorfeld ein. Setzen Sie sich für das Projekt ein Zeitlimit und für den Handykauf eine Preisgrenze. Kaufen Sie bevorzugt in kleinen Geschäften ein, die eine Vorauswahl für ihre Kunden treffen, statt in großen Warenhäusern, deren Angebot Sie erschlägt. Nehmen Sie am Wochenende keine Akten oder Manuskripte mit nach Hause. Damit erübrigt sich die Frage, ob Sie am Sonntagvormittag mit der Familie zur Radtour starten oder sich doch besser auf die nächste Arbeitswoche vorbereiten.

Fragen Sie sich nach Ihren Beweggründen. Wenn wir angesichts der Spirale des Möglichen die Bodenhaftung verlieren, liegt das häufig nicht an den Sachgründen. Natürlich passen unsere Ideen für die Werbestrategie im Prinzip auf ein DIN-A4-Blatt. Aber die Kollegen pflegen in ähnlichen Situationen mindestens fünf durchgestylte Seiten vorzulegen. Wir ahnen durchaus, dass es keine Entscheidung von weltumspannender Bedeutung darstellt, ob wir uns für ein Nokia- oder Siemens-Handy, für das D1- oder D2-Netz, für den TellySmart-, Sun- oder GenionStarter-Tarif entscheiden. Aber beim Small Talk im Bekannten- und Kollegenkreis wollen wir unsere Auswahl fachmännisch begründen können.

Mehr als die Notwendigkeit drängt uns unser Ego zu den aufwändigen Aktivitäten, die das Leben verkomplizieren. Überlegen Sie, ob der Aufwand das Ergebnis rechtfertigt.

Die Informationsflut

Beim Aufwachen hören wir Nachrichten und Wetterbericht aus dem Radiowecker, zum Frühstück überfliegen wir die Tageszeitung, im Hintergrund ertönen die *Die vier Jahreszeiten*, danach der Börsenticker, die Technologiewerte sind gesunken, aber das hat gestern Abend schon n-tv gemeldet. Michi, nein, der Fernseher bleibt aus, kein Fernsehen vor der Schule, das haben wir doch vereinbart. Auf dem Weg zur Arbeit lernen wir Business-Englisch per CD, das Handy vibriert, ein Kunde hat ein Problem. Kaum im Büro angekommen, fahren wir den PC hoch, noch im Mantel, schnell die E-Mails gecheckt, das Telefon klingelt, ein Fax kommt herein, in der Post liegt die neue *Wirtschaftswoche*.

Die Medien buhlen um unsere Aufmerksamkeit: Fernsehen und Hörfunk, Kabel- und Pay-TV, Bücher, Zeitungen, Zeitschriften, CDs und Hörbücher, Internet und Telekommunikation, Kino und Video. Der *ARD/ZDF*-Langzeitstudie Massenkommunikation zufolge ist der Medienkonsum seit 1980 um 45 Prozent gestiegen: im statistischen Durchschnitt auf über 8 Stunden täglich, Hintergrundmedien wie Radio und CD-Walkman eingerechnet. Jeden Tag rollen 1,6 Millionen neue Webseiten auf uns zu. 219 Mark im Monat hat, so eine Studie der Management- und Technologieberatungsfirma Diebold, im Jahr 2000 jeder Bundesbürger in den Medienkonsum investiert.

► Wir lassen uns die Medien
  viel Geld und Lebenszeit kosten.

Aber wir können nur einen Bruchteil der Fakten verarbeiten, die sie uns liefern. Zwischen 95 und 99 Prozent der täglich produzierten Informationen, so der Psychologe Werner Kroeber-Riehl, müssen zwangsläufig ungenutzt bleiben. Dabei scheuen wir weder Zeit noch Mühe, um mit der Informationsflut Schritt zu halten.

Zeit: Kaum einer anderen Beschäftigung widmen wir so viel Zeit wie dem Medienkonsum – sogar auf Kosten des Nachtschlafs. Für viele scheint nun die absolute Grenze erreicht zu sein. Die Mediennutzung lässt sich nicht beliebig steigern.

Beschleunigung: Mit der begrenzten Datenübertragungsrate unserer Sinnesorgane und der eingeschränkten Aufnahmekapazität unseres Gehirns sind wir dem Informations- und Medienbombardement kaum gewachsen. Selbst geübte Leser können an einem Tag höchstens wenige hundert Seiten Text aufnehmen und verarbeiten. Unsere Stärken liegen nicht in der Speicherung, sondern in der Bewertung und Vernetzung neuer Informationen.

Multitasking: Wir lassen den Fernseher laufen, während wir lesen, wir bahnen beim Essen Geschäfte an, wir fertigen drei Anrufer auf drei Leitungen ab. Multitasking heißt der Versuch, zwei oder mehr Dinge simultan zu erledigen. Der Erfolg ist zweifelhaft: Physiologisch ist es nämlich nicht möglich, zwei Dinge gleichzeitig mit gleicher Konzentration zu tun.

Unser Gehirn, so der Gehirnforscher Ernst Pöppel, kann sich normalerweise immer nur auf einen Sachverhalt konzentrieren und alles andere lediglich nebenbei im Auge behalten. Beschäftigen wir das Gehirn mit zwei oder drei anspruchsvollen Aufgaben gleichzeitig, zum Beispiel, wenn wir bei 160 km/h telefonieren, muss es sich damit behelfen, zwischen verschiedenen Kontexten hin und her zu wechseln. Das heißt, es konzentriert sich drei Sekunden lang auf einen Sprachfetzen, drei Sekunden auf den Verkehr, dann wieder auf das Gespräch. Jeder Aufgabenwechsel nimmt mehrere Zehntelsekunden in Anspruch.

Diese Multitasking-Kompetenz lässt sich zwar steigern: Computer-Kids schalten sehr viel schneller zwischen wechselnden Reizen um als Erwachsene. Aber auch bei ihnen erhöht Multitasking die Fehlerquote und senkt die Produktivität. Im Auto kann das permanente Hin- und Herspringen der Aufmerksamkeit das Leben kosten, im normalen Arbeitsalltag wurden Effektivitätsverluste zwischen 20 und 40 Prozent gemessen.

Ganz gleich, was wir tun – die Kluft, zwischen dem, was wir wissen und verstehen, und dem, was wir glauben, wissen und verstehen zu müssen, lässt sich nicht schließen. Fast täglich sind wir damit konfrontiert, einen Begriff, einen Zusammenhang, einen Namen, den man offensichtlich kennen muss, nicht parat zu haben. Selbst in unserem Spezialgebiet bekommen wir längst nicht alle Innovationen mit. Fünfjährige bringen uns mit ihren Fragen mühelos ins Schwitzen: »Mama, wie kommt das Bild in das Fax?« Wer klug ist, weiß nur eines sicher: Ich weiß, dass ich (fast) nichts weiß. Mit dieser Erkenntnis gilt es klarzukommen.

Das können Sie tun

Bekämpfen Sie die Informationssucht. Informationen bekommen wir mehr als genug, sie überfordern unsere Verarbeitungskapazität. Je mehr Fachzeitschriften Sie abonnieren, je mehr Internetartikel Sie herunterladen, je mehr Zeitungsausschnitte Sie archivieren, desto mehr macht sich das Gefühl breit, nicht hinterherzukommen. Die folgenden drei Schritte helfen weiter:

1. Akzeptieren Sie, dass das Gehirn kein Merkzettel ist.
2. Stellen Sie Ihren Informationsbedarf fest und besorgen Sie sich gezielt und aktiv nur die Informationen, die Sie brauchen.
3. Halten Sie gleichzeitig Informationen von sich fern, die mehr oder weniger zufällig an sie herangespült werden: Reduzieren Sie die Zeit im Internet, drucken Sie keine Webseiten aus, zeichnen Sie keine Fernsehsendungen auf Video auf, werfen Sie rigoros die Zeitung von gestern weg, auch wenn Sie weder den Wirtschaftsteil noch die Reisebeilage geschafft haben.

Dosieren Sie den Medienkonsum. Wo früher die Ereignisse der Welt in 15 Minuten Tagesschau untergebracht wurden, wo nach Mitternacht nur noch das Testbild flimmerte, gibt es heute jeden Abend ein Dutzend Nachrichtensendungen und Fernsehen vom Morgenmagazin bis zur Late-Night-Show. Die Medien setzen uns keine natürlichen Grenzen mehr. Wir müssen sie uns deshalb selbst verordnen:

- Zappen Sie sich nach der Tagesschau nicht durch die Kanäle, sondern wählen Sie vorab aus, was Sie im Fernsehen sehen wollen und was nicht.
- Erlauben Sie sich höchstens drei Fernsehserien pro Woche.
- Nutzen Sie den Fernseher grundsätzlich nie als Nebenbei-Medium.
- Begrenzen Sie die Zeit im Internet – die Eieruhr leistet dabei gute Dienste.
- Kaufen Sie nur jede zweite Ausgabe Ihrer Lieblingszeitschriften.

Erstellen Sie Ihr Informationsprofil. Betrachten Sie das Medienangebot als Einkaufszentrum: Nehmen Sie genauso wenig alles mit wie im Supermarkt. Wählen Sie kritisch aus, was Sie brauchen, möchten und an sich heranlassen. Machen Sie sich klar: Ein Übermaß an Informationsaufnahme hemmt Ihre Kreativität. Erfahrene Medienkonsumenten wissen, was sie nicht wissen müssen.

Surfen, zappen, switchen ... Im Zeitalter des Informations-Overflow können wir unmöglich jedes Buch, jede Talkshow, jede Symphonie konzentriert, ganz, vom Anfang bis zum Ende lesen, anschauen, anhören. Wenn wir uns in der Informationsfülle zurechtfinden wollen, kommen wir ohne hoch entwickelte Auswahl- und Filtertechniken nicht aus:

Surfen: sich einen Überblick über das Angebot verschaffen

Scannen: Interessantes überfliegen

Zoomen: Wichtiges genauer anschauen

Switchen: verschiedene Informationsquellen anzapfen und vergleichen

Zappen: Uninteressantes abschalten, weglegen, wegklicken, um ergiebigere Infoquellen heranzuziehen

Immer mehr Medien unterstützen die rasche, selektive Informationsaufnahme: durch schnelle Schnitte, leicht zu erfassende Infohäppchen, übersichtliche Layouts, gezielt platzierte Reize, die die Rezipienten fesseln und bei der Stange halten.

... und samplen. Moderne und traditionelle Formen der Mediennutzung schließen einander nicht aus, sondern ergänzen sich. Immer mehr Leute kombinieren E und U, Mozart und Madonna, *Effi Briest* und *Bridget Jones' Tagebuch* zu einem unkonventionellen Informations-Sampler, verbinden gezielt zeitsparende, selektive und zeitintensive, detaillierte Formen der Informationsaufnahme. Perfektionisten mögen dieses Verhalten als oberflächlich verurteilen. Dafür wird es unserer Medienlandschaft gut gerecht.

Vertrauen Sie Ihrer Intuition. In der Wissensgesellschaft hängt Erfolg mehr denn je von unseren Informationen ab, insbesondere unserem »Vorauswissen«, jenen Erkenntnissen, die für kurze Zeit nur wenigen Eingeweihten zur Verfügung stehen. Darüber vergessen wir leicht, dass Erfolg nicht nur auf den richtigen Informationen, sondern auch auf Intuition beruht: auf der Fähigkeit, neue Fakten mit vorhandenem Wissen zu überraschenden Denkansätzen zu mischen. Dieses kreative Ahnen läuft unterhalb der Bewusstseinsschwelle ab – vorausgesetzt, wir haben Zeit und Muße, die Gedanken schweifen zu lassen. Es stellt sich nicht ein, solange wir uns zu Tode informieren. Nehmen Sie sich deshalb für die Informationsverarbeitung mindestens so viel Zeit wie für die Informationsbeschaffung und -aufnahme.

Diese Erkenntnis umzusetzen ist nicht einfach. Der aktive Prozess des Recherchierens vermittelt Sicherheit, die passive, kaum steuerbare Phase der Informationsverarbeitung macht Angst. Wir können nichts mehr tun, wir können nur noch warten: auf gute Ideen und interessante Assoziationen. So viel Vertrauen aufzubringen ist schwer. Erst recht, wenn die Zeit drängt.

Nicht ohne mein Handy

Im Fitnessstudio piepst Beethovens Neunte, im ICE von Hamburg nach Hannover bimmelt der *Anton aus Tirol*. Die Handys der anderen gehen uns auf die Nerven. Diesen einseitigen Gesprächen zuzuhören, in denen wir Zeuge putziger Kosenamen und bedeutender Geschäftsabschlüsse werden, löst Belustigung und ein klitzekleines Gefühl der Überlegenheit aus. Dabei sind wir selbst nicht besser. Gut, wir haben begriffen, dass man im Konzert und in der Kirche das Handy besser zu Hause lässt. Aber spätestens, wenn das Vibrieren in der Manteltasche das schönste Gespräch mit der besten Freundin unterbricht (»Es macht dir doch nichts aus ...«), wenn wir uns mit einem unsichtbaren Gegenüber über Befinden, Standort und Wetter austauschen statt mit der Freundin über Liebesfreud und Liebesleid, stellen wir fest, dass eine seltsame Gepflogenheit von uns Besitz ergriffen hat: Wer anruft, geht vor.

Telefon, Handy, Fax und E-Mail sind unser Tor zur Welt. Aber während Fax und E-Mail zwar nach einer raschen Antwort, aber nicht nach umgehender Reaktion verlangen, geht vom Klingeln des Telefons etwas Drängendes aus. Jemand möchte uns sprechen – jetzt, gleich, dringend. Auch wenn wir gerade an einem wichtigen Projekt sitzen, mit der Familie zu Abend essen, *Emergency Room* anschauen oder über die Piazzetta flanieren.

Natürlich haben wir eine Mailbox, um das (Mobil-)Telefon zu zähmen und uns von der Welt abzuschotten. Aber ein schlechtes Gewissen bleibt, wenn wir zwar da sind, aber nicht zu sprechen. Denn wenn sich alle so verhalten, kommunizieren wir am Ende nur noch mit Anrufbeantwortern.

Also gehen wir doch ran, weil wir den anderen nicht enttäuschen wollen. Weil wir uns bisweilen ganz gern ablenken lassen. Und natürlich auch, weil wir uns insgeheim für unentbehrlich halten. Die Folge: Wir reagieren nur noch, fragmentieren den Alltag, werden in unseren Gedanken und Gesprächen immer wieder unterbrochen.

Wir sind auf acht Kanälen zu erreichen: Persönliche Begegnung, Brief, Postkarte, Telefon, Fax, Mobiltelefon, E-Mail, SMS. Die Frage ist nur: Wie erreichen wir es, zugänglich zu wirken, aber nicht immer verfügbar zu sein?

Das können Sie tun

Erlauben Sie sich, nicht verfügbar zu sein. Falls Sie es nicht ohnehin schon getan haben: Verordnen Sie sich ungestörte Zeiten – privat und beruflich. Um im Job produktiv zu arbeiten und zu Hause die Batterien wieder aufzuladen, brauchen Sie planbare Phasen des Rückzugs, des Alleinseins, des Abtauchens, in denen die Gedanken fließen und die Gefühle zur Ruhe kommen können. Abzuschalten ist deshalb weder egoistisch noch bequem, sondern schlicht professionell: Sie sorgen für optimale Arbeits- und Leistungsbedingungen. Ihr Chef, ihre Projektleiterin darf das übrigens ruhig wissen.

Lernen Sie abzuschalten. In einer Gesellschaft, in der jeder jederzeit für jedermann erreichbar sein soll, fällt es nicht leicht, sich abzuschotten. Kleine Schritte und klare Grundsätze helfen dabei:

- Organisieren Sie den Büroalltag so, dass Sie mindestens ein bis zwei Stunden täglich ohne Unterbrechungen arbeiten können. Stellen Sie in dieser Zeit das Telefon auf einen Kollegen um. Im Gegenzug ermöglichen Sie natürlich auch ihm eine ungestörte Arbeitsphase.

- Vereinbaren Sie mit Ihrer Familie, dass während der Mahlzeiten grundsätzlich niemand ans Telefon geht.
- Nehmen Sie nach acht, neun oder zehn Uhr abends keine Anrufe mehr entgegen.
- Unterwerfen Sie ankommende Anrufe einer Zensur, zum Beispiel per Rufnummernkontrolle.
- Geben Sie Ihre Handynummer nur einer Hand voll ausgewählter Menschen.

Sie werden sehen: Anrufer gewöhnen sich schnell daran, dass man Frau Tremmel-Westerhagen zwischen 13 und 16 Uhr fast immer, zwischen 8 und 10 dagegen so gut wie nie erreicht.

Geben Sie den Kommunikationsstil vor. Wie man in den Wald hineinruft, so schallt es zurück. Wer selten anruft und meistens mailt, simst oder faxt, bekommt ganz automatisch weniger störende Anrufe und mehr Mails, SMS oder Faxe. Auf diese Weise gewinnen Sie die Verfügung über Ihre Zeit zurück: Sie bestimmen, wann, wie und ob Sie reagieren. Übrigens: In den USA gelten unangemeldete Anrufe bereits als unfein: weil man damit anderen die eigene Zeit aufzwingt. Mails sollten deshalb Vorrang vor Anrufen haben, Anrufe abgesprochen werden wie ein Besuch.

Beantworten Sie Mails und SMS zuverlässig... aber möglichst kurz. Häufig genügt ein in die Betreffzeile eingegebenes »Danke (eof)« oder »Wunderbar! (nfm)«, um einen Vorgang abzuschließen. *Eof* steht für *End of message, nfm* bedeutet *no further message.*

Wählen Sie den passenden Kanal. Ich bin zwar ein Fan der diskreten, asynchronen elektronischen Post, aber ein paar Dinge gibt es doch, die sich per E-Mail schlecht regeln lassen: Streitpunkte oder atmosphärische Störungen klären Sie besser telefonisch oder in einem persönlichen Gespräch. Auch eine besondere Bitte sollten Sie dem anderen nicht per E-Mail vortragen. Manchmal ist es einfach nötig, einander ansehen, hören, unterbrechen zu können.

Mobil sein ist alles

Wir arbeiten in der Stadt, wohnen im Grünen, haben in Ulm und Perugia studiert, unternehmen Wochenendtrips nach London, Venedig und Saalbach-Hinterglemm und fahren kilometerweit für frisch gestochenen Spargel und den preisgünstigen DVD-Player bei MediaMarkt. Wir chauffieren den Kleinen quer durch die halbe Stadt in den Montessori-Kindergarten und nehmen in Kauf, dass die Große in der Morgendämmerung das Haus verlassen muss, um den Schulbus ins musische Gymnasium zu erwischen. Wir finden nichts dabei, 10.000 Kilometer zu fliegen, um uns »all inclusive« am Strand zu erholen, oder einen Orangen-Holunderblüten-Joghurt zu löffeln, der möglicherweise 8000 Autobahnkilometer zurückgelegt hat, ehe er den Weg in unseren Kühlschrank fand. Wir sind mobil – will heißen: flexibel, weltoffen, beweglich. Natürlich auch geistig.

Wir kennen eine Reihe von Leuten, die von Rostock nach Regensburg gezogen sind oder von Bonn nach Berlin, weil ihnen ein Job angeboten wurde, den man sich nicht entgehen lassen kann. Wir beobachten interessiert, wie sie klarkommen mit ihren Distanz- und Shuttle-Beziehungen, die man nicht einmal vernünftig von der Steuer absetzen kann. Selbst sind wir allerdings froh, nach vier, fünf Jahren des Nomadentums festen Boden unter den Füßen und ein eigenes Dach über dem Kopf zu haben. Denn wir sind zwar mobil, aber wir würden den Wohnort nur ungern wechseln. Spätestens wenn die Familie gegründet und das Reiheneckhaus gekauft ist, zählt für die meisten die Lebensqualität in der vertrauten Umgebung mehr als der höhere Lebensstandard nach dem Umzug in eine neue Stadt. Aus der Studie *Berufsmobilität und Lebensform* der Universitäten Mainz und Bamberg geht hervor: Nur knapp die Hälfte der Männer und weniger als ein Drittel der Frauen würden für einen besseren Job den Ort wechseln.

Nein, Mobilität leben wir vor allem in der Freizeit aus. Statistiken zeigen, dass der Einkaufs- und Freizeitverkehr überproportional ansteigt. Schon heute werden pro Kilometer im Berufsverkehr zwei Kilometer im Freizeitverkehr gefahren. Dass berufliche Mobilität, Fernbeziehungen und häufige Umzüge in fremde Städte stressig sind, haben wir klar erkannt. Dass unser Mobilitätswahn in der Freizeit nicht nur die Natur und die Umwelt schädigt, sondern auch die Lebensqualität senkt, ist den meisten bisher entgangen. Die Stunden im Auto, im Flugzeug oder in der

U-Bahn sind vertane Zeit, Autoradio hin, Bordfilm her. Oder warum sonst halten wir ein Tempolimit auf deutschen Autobahnen für Freiheitsberaubung, durchqueren wir Tempo-30-Zonen zügig mit 45 Stundenkilometern, nehmen wir der Deutschen Bahn jede Minute Verspätung übel? Wer wegfährt, denkt nur ans Ankommen, an einem Ort, wo die Einkaufsmöglichkeiten besser, die Bäume grüner, die Berge höher, die Cafés schicker sind. Wo die Sonne scheint. Wo das Leben spielt.

Während wir unterwegs sind, bleibt das Leben auf der Strecke. Jeder nicht gefahrene Kilometer ist dagegen ein kleiner Zeitgewinn: zum Tee trinken, zum Vorlesen, zum Reden, zum In-der-Sonne-sitzen. Zum Zu-sich-kommen.

Das können Sie tun

Bevorzugen Sie kurze Wege. Leider liegen der preisgünstigste Supermarkt, die Schule mit dem besten Ruf, das angesagteste Fitnessstudio meistens nicht gleich um die Ecke, vor allem, wenn wir uns entschieden haben, draußen vor der Großstadt im Grünen zu wohnen. Suchen Sie in solchen Fällen nach guten Alternativen in der Nähe. Scheinbar perfekte Lösungen sind nur noch halb so gut, wenn Sie dafür jede Woche mehrere Stunden im Bus oder Auto sitzen müssen. Ein Beispiel: Wenn Ihre Tochter anstelle des fast eine Stunde entfernten musischen Gymnasiums das nur 15 Minuten entfernte neusprachliche Gymnasium besucht, verkürzt sich ihr Schulweg um eineinhalb Stunden täglich und siebeneinhalb Stunden wöchentlich. In dieser Zeit kann sie eine Fülle außerschulischer Interessen pflegen – nach Lust und Laune, ohne starren Lehrplan.

Machen Sie Urlaub zu Hause. Städtetrips und Ski-, Wander- oder Wellness-Wochenenden mehrmals pro Jahr liegen im Trend. Solche Kurzreisen unterbrechen die Routine, sind aber auch mit einem überproportional hohen Reisestress verbunden. Freitagnachmittag hin, Sonntagabend zurück. Eineinhalb Tage Bergwandern in Südtirol sind mit zwei halben Tagen auf der Autobahn erkauft. Rechnet man dazu noch einen halben Tag für die Reisevorbereitung, wird der Kurztrip zum Nullsummenspiel: Wir bekommen nicht mehr heraus, als wir hineinstecken. Ein Urlaubswochenende zu Hause dagegen beginnt schon am Freitagnachmittag und dauert bis Sonntagnacht. Viel Zeit zum Dösen, Frühstücken, Lachen, Ins-Konzert-gehen, Lieben, Radeln, Picknicken und Lesen. Einstweilen wälzen sich kilometerlange Autoschlangen zähflüssig über den Brenner.

Kalkulieren Sie die Kosten. Das Zweitauto, die Drittreise, die Spritztour zu den Salzburger Festspielen gehen ins Geld – Geld, das erarbeitet werden muss. Auch so gesehen kommt uns der Mythos Mobilität teuer zu stehen. Wägen Sie deshalb ab, was Ihnen persönlich mehr Lebensqualität bringt:

Der angesagte Landrover anstelle des braven VW Passat? Oder doch weniger Überstunden?

Wohnen im Grünen? Oder kürzere Wege zur Arbeit?

Am Wochenende zu Hause zu bleiben, auch auf die Gefahr hin, dass es regnet? Oder für zwei Tage zum Gardasee zu fahren, obwohl Sie vermutlich stundenlang im Stau stehen werden?

Ein aufwändig eingerichtetes Zuhause? Oder Urlaub in Charme- und Designhotels?

Perfekt wäre es, beides haben zu können. Aber das ist für die meisten utopisch. Gut ist, was Ihnen gut tut.

Schöne neue Welt

Brigitte führt vor, wie wir mit pinkfarbenen Vorhängen und Blumenbettwäsche den Frühling in die Wohnung holen. Dem Magazin der *Süddeutschen Zeitung* entnehmen wir, dass die Frau von Welt mindestens einen Roman von Dostojewski gelesen haben muss, aber nicht unbedingt den Benimm-Ratgeber von Gloria von Thurn und Taxis. *Amica* stellt 15 Make-up-Klassiker vor: unheimlich schön, einfach unsterblich, völlig trendunabhängig. *Men's Health* verrät die Abkürzung zum Traumkörper und die *Business-Vogue* sechs Regeln für faire Chefinnen.

In der Erlebnisgesellschaft hat die Ästhetik die Ethik zwar nicht notwendigerweise abgelöst. Aber ob bei der Wohnungseinrichtung, beim Lebensstil, im Management oder in der Politik: Image und Design, die geglückte Selbstinszenierung, die Ästhetik der Existenz spielen in unserem Alltag eine immer größere Rolle. Mit dem, was wir kaufen, haben, tragen, fahren, lesen, hören, drücken wir – tatkräftig unterstützt von Wirtschaft und Medien – unser Inneres, unsere Werte und Einstellungen aus, inszenieren wir unseren sozialen Status, gehören wir dazu oder heben uns ab. Die Kategorien des Schönen, Interessanten, Angenehmen und Weltläufigen stehen dabei im Vordergrund.

Wobei das, was als schön, interessant, angenehm und weltläufig gilt, ständig wechselt. Täglich werden neue Lifestyle-Trends erfunden. Was letztes Jahr hip war oder ein Geheimtipp, verkommt im nächsten Jahr zum Mainstream. Spätestens wenn es die Espresso-Handhebelmaschine beim Discounter gibt, wenn GAP-Jeans keiner USA-Reise, sondern auch in Albstadt-Sigmaringen nur einer Fahrt in die Innenstadt bedürfen, wenn die örtliche Volkshochschule Rhetorikkurse für jedermann anbietet, wenn die Regendusche demnächst im Bauträger-Reihenhaus zum Ausstattungsstandard gehört, schleicht sich Ernüchterung ein. Der Symbolwert unserer Errungenschaften weicht ihrem schnöden Nutzwert.

Wer sich von der Masse abheben möchte, kommt nicht zur Ruhe. Nur wer den nächsten Trend wittert, das neueste Kultobjekt besitzt oder wenigstens kennt, hat die Nase vorn, darf sich ein bisschen urbaner, geschmackssicherer, individueller fühlen. Zwar finden die meisten Menschen zwischen Ende zwanzig und Mitte dreißig ihren persönlichen Stil. Trotzdem dreht sich das Lifestyle-Karussell mit unverminderter Geschwindigkeit weiter, lockt die Lifestyle-Industrie mit immer neuen raffinierteren Produkten, Genüssen, Techniken, Glücksversprechen.

▶ **Die inneren Bilder vom gelungenen Leben treiben uns an.**

Im Folgenden finden Sie Tipps, wie Sie stilvoll leben, ohne sich von jedem Trend verrückt machen zu lassen.

▧ Das können Sie tun

Kultivieren Sie die Beschränkung. Radikale Einfachheit, Klasse statt Masse, ist der seit Jahrzehnten bewährte Trick, Geschmack und Stil zu zeigen. Unabhängig von Trends und Moden gilt: Bevorzugen Sie das Zurückhaltende, Leise, Echte, Sparsame. Hähnchenbrust (von freilaufenden Hühnern) statt Hummer (aus dem Tiefkühlregal), Plantagen-Teakholz statt Plastik, Cappuccino statt Champagner, Gore-Tex statt Goldknöpfe. Investieren Sie in ebenso schöne wie funktionale Gebrauchsgegenstände statt in Deko-Objekte, Modeschmuck und technische Spielereien.

Entwickeln Sie einen zeitlosen Stil. Für Wohnung, Musikgeschmack, Wortwahl, Führungsstil gilt das Gleiche wie für die Garderobe: je klassischer, desto dauerhafter, kultivierter, unangreifbarer.

Zeigen Sie Größe. Ein einzelnes übergroßes Sofa statt der üblichen Sitzgruppe, ein ausladender Tisch statt des kleinen runden mit Einlegeplatte, ein komplettes Service für acht oder zehn Personen statt des bisherigen Sammelsuriums wirken großzügig und machen viel her. Moden und Trends nehmen Sie mit leicht austauschbaren Kleinigkeiten wie Kissen, Blumen und Tischsets auf.

Lesen Sie weniger Zeitschriften. Zeitschriften machen es uns leicht, jede Mode und jeden Trend mitzubekommen, verführerisch leicht. Sie gaukeln uns einen Lebensstil vor, den selbst Lifestyle-Perfektionisten nur bruchstückhaft verwirklichen können. Wenn Sie sich von dem Beauty-Job-Kultur-Psycho-Rummel unter Druck gesetzt fühlen, lesen Sie nur noch jede zweite Ausgabe. Höchstens.

Halten Sie sich auf dem Laufenden. Ein Tipp für Lifestyle-Verweigerer: Wenn Sie Moden und Trends konsequent als oberflächlich ignorieren, machen Sie sich das Leben unnötig schwer. Wer sich in unserer schnelllebigen Gesellschaft nicht (mehr) verändern will, bleibt stehen und fällt zurück. Dann werden wir nicht nur älter, dann sehen wir auch alt aus. Beruflich sowieso, aber immer öfter auch privat. Deshalb sollten Sie zumindest wissen, welche Trends, Schlagwörter und Symbole in Ihrem Umfeld gerade angesagt sind. Ob es uns gefällt oder nicht: Ob wir Birkenstocks tragen oder handgenähte Budapester, drückt auch aus, wofür wir stehen.

»Des Guten zu viel« vermeiden bedeutet für mich:

Welche Anregungen aus diesem Kapitel können Sie ohne große Anstrengung in Ihr Leben integrieren? Welchen Auswüchsen der Multi-Options-Gesellschaft möchten Sie sich künftig entziehen? Welchem Aspekt Ihres Erwartungsportfolios werden Sie künftig mehr, welchem weniger Aufmerksamkeit schenken? Notieren Sie sich wenige, aber dafür konkrete Vorsätze.

GUT UND SCHÖN
Üben Sie sich in Gelassenheit

> *»Es ist leicht, das Leben schwer zu nehmen.*
> *Und es ist schwer, das Leben leicht zu nehmen.«*
> ERICH KÄSTNER

Es ist zum Verrücktwerden: In der Endphase des Projekts verabschiedet sich die Windows-Software. Zwei Tage vor dem Sommerurlaub bekommt die Kleine Windpocken. Es regnet seit Tagen in Strömen, die Sonne hat sich vorige Woche zum letzten Mal blicken lassen. Die Vorhänge müssten gewaschen, die Abrechnungen für die Krankenkasse zusammengestellt und Hannes, Brigitte und die Kinder längst mal wieder eingeladen werden. Das Finanzamt hat den zu erwartenden Gewinn für das laufende Jahr um das Dreifache zu hoch angesetzt. Der unmögliche Typ von gegenüber parkt schon wieder vor unserer Einfahrt. Das Schicksal hat sich gegen uns verschworen.

Hat es das? »Wenn der Herrscher gegen dich in Zorn gerät, bewahre die Ruhe; denn Gelassenheit bewahrt vor großen Fehlern«, steht im Alten Testament. Aber solche Weisheiten wollen wir nicht hören, wenn wir mit der Welt, dem Wetter und dem Finanzamt hadern. Man muss sich doch einfach aufregen, wenn...

Wenn sich das Leben nicht nach unseren Wünschen richtet? Finde ich auch. Es gibt Momente, in denen es fast unmöglich scheint, einen kühlen Kopf zu bewahren. Schuld daran trägt unser Steinzeitgehirn, dessen Hauruck-Aktionen es uns nicht eben leicht machen, widrigen Umständen gelassen zu begegnen. Andererseits: Wir sind nicht dazu verdammt, spontan und unreflektiert zu reagieren. Nichts und niemand zwingt uns dazu, unseren Impulsen zu folgen, uns zu empören, zu sorgen, zu erregen und von jedem Hype anstecken zu lassen. Es liegt in unserer Hand, wie wir den Wechselfällen des Lebens entgegentreten.

Ziehen Sie Bilanz: Ihr Gelassenheitsportfolio

Wie gelassen Sie sind, hängt von einer Reihe von Faktoren ab: Ihrer Veranlagung, Ihrer momentanen Kondition, Ihren Lebensumständen, Ihrer Fähigkeit zur Stressbewältigung. Überlegen Sie, welche Eigenschaften, Verhaltensweisen und Menschen zu Ihrer Gelassenheit beitragen und tragen Sie sie in Ihr Gelassenheitsportfolio ein. Denken Sie auch darüber nach, welche Eigenschaften, Lebensumstände und Menschen Ihnen möglicherweise die Ruhe rauben.
Mögliche Portfolio-Elemente sind zum Beispiel:

Abwarten können	Heiterkeit
Anerkennung durch andere	Humor, Witz, Ironie
Ausgeglichenheit	Innere Ruhe
Bescheidenheit	Kondition (Gesundheitszu-
Entscheidungsfreiheit	stand, Schlaf, Ausdauer...)
Entspanntheit	Optimismus
Flexibilität	Selbstbeherrschung
Freundlichkeit	Souveränität
Geduld	Wirtschaftliche Sicherheit
Güte	Zeit für mich
Gutmütigkeit	Zufriedenheit

Wie zufrieden sind Sie mit Ihrem Gelassenheitsportfolio? Welche Aspekte würden Sie gerne verbessern? Zeichnen Sie Ihre Zielvorstellungen in das Portfolio ein.

Gelassenheit heißt lassen

Gelassenheit ist, auf einen einfachen Nenner gebracht, das Ergebnis eines wohl kalkulierten und bewusst praktizierten Nichtstuns: Unabänderliches geschehen zu lassen, Chancen ungenutzt verstreichen zu lassen, nicht jede Aufregung an sich heranzulassen und natürlich: sich Zeit zu lassen.

Wenig leicht erregbaren Menschen liegt diese Haltung von Natur aus mehr als überschwänglichen, gefühlsintensiven Gemütern. Gelassenheit ist eine Frage des Temperaments, eine Frage der Umwelt, in der wir uns bewegen. Beides können wir nur schwer verändern. Gelassenheit ist aber auch eine Frage der Selbstbeherrschung, unserer Fähigkeit, uns nicht zu Sklaven der Leidenschaft zu machen.

▶ **Gelassenheit ist eine Klugheit der Lebensführung, die sich erlernen lässt.**

Yoga, Meditation, Tai-Chi oder Auszeiten im Kloster helfen dabei. Aber eine Voraussetzung für Ruhe und Gleichmut sind sie nicht. Um unsere Gefühlsaufbäumungen zu zähmen, müssen wir vor allem lernen, uns selbst zu beruhigen.

Vieles bleiben lassen

»Bis zu 200.000 Fluggäste werden am Münchner Airport erwartet«, meldet die *Süddeutsche Zeitung* Ostern 2002 allein für den ersten Tag der großen Reisewelle. Neben der Meldung ein Bild der Abfertigungshalle: Menschengewimmel, Kofferberge. Von Entspannung und Gelassenheit keine Spur. Zugegeben, der deutsche Frühling zeigt sich pünktlich zum Ferienbeginn von seiner nasskalten Seite. Andererseits: Ganz gleich, wohin die Reise geht – zu sich kommen werden viele der Fernflieger wohl auch in den Ferien nicht. Längst nicht alle werden im Urlaub die entspannte Zufriedenheit verspüren, die Goethe seinen Faust beim Osterspaziergang empfinden ließ:»Ich höre schon des Dorfs Getümmel, hier ist des Volkes wahrer Himmel, zufrieden jauchzet groß und klein. Hier bin ich Mensch, hier darf ich's sein!« Einer aktuellen Forsa-Umfrage zufolge empfand jeder Fünfte den vergangenen Urlaub als »sehr anstrengend«.

Ich weiß nicht, wie sensationell Ihre Urlaube verlaufen. Ich jedenfalls erlebe auf Reisen immer wieder Momente, in denen ich mir wünschte, zu Hause geblieben zu sein statt im Stau zu stehen, fernzusehen statt mich in die Schlange vor dem Londoner Tower einzureihen, ausgiebig zu kochen statt die Zeit in ungeheizten Espressobars totzuschlagen, wenn es am Gardasee Hunde und Katzen regnet.

Wir haben so viele Optionen, dass wir nicht viel versäumen, wenn wir einige davon nicht wahrnehmen. »Vielleicht wird die wahre Gesellschaft der Entfaltung überdrüssig«, schrieb Theodor Adorno, »und lässt aus Freiheit Möglichkeiten ungenützt, anstatt unter irrem Zwang auf fremde Sterne einzustürmen.« Bis jetzt deutet jedoch nichts darauf hin. Vorhandene Möglichkeiten bleiben zu lassen mutet uns in unserer Event-Kultur befremdlich an.

Es fällt uns schon gar nicht mehr auf, wie wir Lebensqualität an der Zahl der fotografier- und vorzeigbaren Erlebnisse messen. Wie wir Halloween-Partys brauchen, um die wenigen Tage zwischen Totensonntag und Allerseelen mit Ausgelassenheit zu füllen. Wie schon Zweitklässler nach dem Plan eines dicht gedrängten Terminkalenders leben. »Ann-Sophie ist in den nächsten zwei Wochen ziemlich ausgebucht«, hörte ich neulich eine Mutter allen Ernstes im Gespräch mit einer anderen Frau sagen, es ging darum, einen gemeinsamen Spielenachmittag für die beiden kleinen Töchter zu vereinbaren.

Was wir bei unserem Erlebniskonsum nicht bedenken: Zu viele Reize lösen Ruhelosigkeit und Unwohlsein, Aggressivität und Wut aus – das Gegenteil von Gelassenheit. Dagegen hilft ein simples Rezept: Vieles einfach bleiben zu lassen.

Das können Sie tun

Nehmen Sie sich weniger vor. Packen Sie den Terminkalender nicht mehr so voll. Pufferzeiten zwischen den Terminen, Wochenenden ohne das übliche Programm aus Einladungen und Gegeneinladungen schaffen Spielräume und Muße.

Verschwenden Sie die Zeit. Gehören Sie zu den Menschen, die immer auf dem Sprung sind? Die im Kino nach draußen drängen, sobald der

Abspann beginnt, im Restaurant gleichzeitig das Dessert, den Espresso und die Rechnung ordern und im Flugzeug schon aufspringen, noch ehe die Triebwerke abgeschaltet sind? Zur Ruhe kommen Sie auf diese Weise nicht. Durchbrechen Sie das zur Gewohnheit gewordene Stressverhalten und lassen Sie Erlebnisse ausklingen – genießen Sie »das letzte Glas im Steh'n«, wie es in einem Liedtext aus den ruhigeren 1970er-Jahren heißt.

Machen Sie nicht alles mit. Der Tag hat nur 24 Stunden. In der Zeit lässt sich unmöglich alles schaffen, was uns am Herzen liegt. Wenn Sie sich mehr Gelassenheit wünschen, sollten Sie deshalb auf Vorhaben verzichten, die im Vergleich zu anderen als nebensächlich erscheinen: auf den perfekt geformten Körper, auf den Nebenjob, auf das Amt der Clubsekretärin, auf die unfruchtbare Auseinandersetzung mit den Nachbarn, auf die Reputation als perfekte Gastgeberin, auf die Kabarettaufführung, die man »unbedingt gesehen haben muss«.

Manches abperlen lassen

Ein weniger dicht gedrängtes Programm ist der erste Schritt zu mehr Gelassenheit. Optionen – zumal attraktive – auszulassen fällt zwar nicht leicht. Aber es liegt doch weitgehend in unserer Hand zu entscheiden, ob wir das Tennisturnier mitspielen oder den Samstagnachmittag lieber vertrödeln.

Anders ist es mit den Reizen, die andere Menschen an uns herantragen: Nicht nur Beziehungsperfektionisten finden es schwer, sich gegen die Ansprüche und Erwartungen von Familienmitgliedern, Kollegen, Freunden oder Nachbarn abzugrenzen. Ohne schlechtes Gewissen abzulehnen, wenn die Tennisfreunde einen bedrängen, beim Doppel der Herren einzuspringen. Sich herauszuhalten aus dem per E-Mail ausgetragenen Streit um das Für und Wider der neuen Homepage. Gelassen zu bleiben, wenn die 14-jährige Tochter sich ungeniert aus dem mütterlichen Kleiderschrank bedient.

Wenn die Wünsche anderer mit unseren Vorstellungen kollidieren, fühlen wir uns schnell herausgefordert und in die Enge getrieben. Unser Körper wertet diese Gefühle als Signal, zum Kampf zu rüsten. Ohne unser bewusstes Zutun erhöht sich die Konzentration von Adrenalin und Noradrenalin im Blut. Der Blutdruck steigt, wir atmen flacher, der Herzschlag beschleunigt sich, die Muskeln verkrampfen. Der höhere Blutdruck bewirkt, dass das Gehirn sich von Außenreizen abschottet. Wir sind zu keinem klaren Gedanken mehr fähig.

In grauer Vorzeit waren diese physiologischen Stressreaktionen sinnvoll und oft lebensrettend. Heute, wo Coolness und professionelle Freundlichkeit gefragt sind, wirken sie seltsam fehl am Platz. Wir wissen deshalb nicht, wohin mit unserem Ärger. Höflichkeit, Klugheit und Selbstachtung verbieten uns, unsere Verletztheit ungefiltert zu zeigen, womöglich sogar ausfällig zu werden. Innerlich wütet die Erregung trotzdem weiter. Angemessener und gesünder wäre es, so viel Empörung gar nicht erst aufkommen zu lassen.

Das ist schwierig, aber es geht. Unsere Stressreaktion ist zwar zum Teil von genetischen Faktoren und frühkindlichen Erfahrungen bestimmt. Deshalb nehmen manche Menschen Belastungen stärker wahr als andere. Trotzdem können auch Hypersensible und Stressanfällige den biologischen Aufruhr dämpfen: durch Gedankenhygiene.

Stressreaktionen werden ja nicht mir nichts, dir nichts ausgelöst. Sie sind das Ergebnis eines inneren Monologs, der eine Mücke zum Elefanten aufbläht und eine ausgeliehene Bluse zur Brandschatzung hochstilisiert: O nein! Ausgerechnet heute, wo ich ohnehin spät dran bin. Das hätte ich mir mal erlauben sollen. Aber damit ist jetzt Schluss. Wer bin ich denn! Verdammt. Die weißen T-Shirts sind auch in der Wäsche! Juliaaaa!! Wie oft soll ich dir noch sagen ...!

Klar hat man uns unrecht getan. Natürlich ist das Verhalten unserer Umwelt nicht immer Anlass zur Freude. Aber Reibungen sind ein Teil des Lebens und meistens kein gegen uns persönlich gerichteter Affront. Sie bedürfen manchmal der Klärung, aber sie sind nicht die Hauptursache unserer Aufregung. In unsere Empörung steigern wir uns selbst hinein. Nicht die Situation, sondern unsere negativen Gedanken, unser Gefühl, immer die Dumme, ewig der Leidtragende zu sein, bringen das Fass zum Überlaufen.

▶ Unsere negativen Gedanken schieben sich wie ein Zerrspiegel zwischen uns und die Welt.

Dagegen lässt sich einiges tun. Sie können Ihre Erregung bagatellisieren (»Mädchen in dem Alter sind eben so. Das ist eine Phase. Das geht vorbei.«). Sie können die Situation neu bewerten (»Julia hat es nicht böse gemeint. Ich werde heute Abend mit ihr reden.«). Sie können Ihren Ärger durch körperliche Aktivitäten abbauen. Noch besser: Sie lassen ihn gar nicht erst an sich heran. Treten Sie einen Schritt zurück und distanzieren Sie sich von der Welt.

Das können Sie tun

Gehen Sie in den unpersönlichen Zustand. Wut entsteht vornehmlich dann, wenn wir uns persönlich angegriffen fühlen, wenn wir uns einreden, die anderen würden uns bewusst ärgern wollen. Tatsache ist: Fast niemand will uns etwas Böses. Die anderen wollen sich etwas Gutes tun. Die Tennisfreunde wollen wie geplant ihr Turnier spielen, die Kollegen möchten ihre Idealvorstellung eines guten Webdesigns verwirklicht sehen, das Fräulein Tochter braucht etwas Schickes zum Anziehen.

Niemand denkt bei alledem groß über Sie und Ihre Bedürfnisse nach. Sie sind für die anderen lediglich Mittel zum Zweck. Lassen Sie sich deshalb die Wünsche, die an Sie herangetragen werden, durch den Kopf gehen, aber nicht unter die Haut. Beobachten Sie das Tun und Treiben um sich herum wie auf einer Kinoleinwand, registrieren Sie Ihre eigenen Gefühle wie unter dem Mikroskop – interessiert, aber nicht persönlich involviert. Die Yale-Psychologen Peter Salovay und John D. Mayer bezeichnen diese leidenschaftslose Selbstbeobachtung als *Meta-Mood*. Sie löst zwar nicht das Problem, aber sie schwächt das eingebaute Ärger-Programm ab. Sie stehen über den Dingen und können in aller Gelassenheit entscheiden, wie Sie mit dem Konflikt umgehen wollen.

Reagieren Sie nicht sofort. Wenn Sie sich verletzt, herausgefordert oder unter Druck gesetzt fühlen, sagen und entscheiden Sie am besten erst mal gar nichts. Schweigen Sie, treten Sie ans Fenster oder gießen Sie sich einen Kaffee ein, bitten Sie um eine Bedenkzeit (»Ich werde darüber nachdenken.«) oder vertrösten Sie den anderen auf später (»Ich lasse mir die Sache durch den Kopf gehen und melde mich heute Nachmittag bei Ihnen.«).

Humor wirkt auch dort, wo der Spaß aufhört. »Der Humor ist der Regenschirm der Weisen«, schrieb Erich Kästner. In der Tat: Humor und Ironie lassen Provokationen und Zumutungen einfach abperlen, befreien die Seele und weichen Verhärtungen auf (lat. *humor* Flüssigkeit). »Wie oft soll ich dir noch sagen, dass meine Sachen für dich tabu sind!«, bewirkt nichts als Ärger und Türenschlagen. Sagen Sie lieber, nachdem Sie sich beruhigt haben: »Ich sehe, du bist mal wieder in meinem Kostümverleih fündig geworden.« Ironie zeugt von Souveränität und entkrampft die Situation.

Unabänderliches zulassen

Ihr Budget wurde gekürzt. Der fertig geschmückte Weihnachtsbaum kippt kurz vor der Bescherung um, die Hälfte der von den Großeltern geerbten Glaskugeln geht zu Bruch. Die sympathischen Nachbarn, die sich bisher in Ihrer Abwesenheit um Katze, Post und Garten kümmerten, wollen ihr Haus verkaufen. Ein Familienmitglied ist schwer erkrankt.

So unterschiedlich diese Ereignisse in ihrer Bedeutung und Tragweite sind, eines haben sie gemeinsam: Sie bringen unerwünschte Veränderungen mit sich, durchkreuzen unsere Pläne, lösen Verunsicherung, Melancholie, Frustration und Sorge aus. Viele Menschen geraten in solchen Situationen ins Grübeln, trauern der Vergangenheit nach, malen sich bedrückt eine möglicherweise düstere Zukunft aus.

Wie Ärger gehören Angst und Trauer zu unserer emotionalen Grundausstattung. Sie sind biologisch in unserer Natur verankert und helfen uns, Gefahren vorzubeugen, Veränderungen und Verluste zu verkraften und Weichen neu zu stellen. Sorgen und Frustration dagegen lassen uns passiv bleiben. Statt ein Problem entschlossen anzupacken oder mutig zu akzeptieren, kauen wir es, allein oder mit anderen, immer wieder durch. Lösungsvorschläge werden als wirkungslos verworfen (»Das bringt doch nichts.«): Die Gedanken drehen sich im Kreis, aber außer Selbstmitleid und Schlaflosigkeit kommt nicht viel dabei heraus. Wie sollte es auch: Es gibt Probleme, für die es einfach keine perfekte Lösung gibt.

In diesem Fall tun wir gut daran, die Sorgen über die Zukunft, den Frust über Vergangenes loszulassen, uns auf die Gegenwart zu konzentrieren und mit den veränderten Bedingungen zu leben.

▶ Je öfter Sie ein Problem durchdenken, desto tiefer graben sich Angst und Sorgen in Ihre Seele ein.

Wir legen eine Art Trampelpfad im Gehirn an, den unsere Gedanken immer wieder wie von selbst einschlagen. Grüblern fällt es deshalb schwer, kreative Lösungen zu finden. Stattdessen wälzen sie ihre Probleme so ergebnislos hin und her wie Sisyphus den Felsbrocken.

Das Leben ist nicht perfekt, daran können wir nichts ändern. Es wird uns immer wieder Anlass zur Sorge geben. Aber die Endlosschleife sorgenvoller Gedanken können wir durchbrechen. Dabei helfen die folgenden Tipps.

Das können Sie tun

Gebieten Sie Ihren Sorgen Einhalt. Sorgen machen Sinn: wenn wir sie als Aufforderung verstehen, uns Lösungen, Alternativen oder Möglichkeiten zur Schadensbegrenzung zu überlegen. Sorgen schaden der Gesundheit und rauben uns die Lebensfreude: wenn wir sie zum Anlass nehmen, vergangene Kränkungen und zukünftige Bedrohungen wiederzukäuen. Deshalb kommt es darauf an, das richtige Sorgenmaß zu finden. Notorischen Grüblern sei empfohlen, »Sorgenzeiten« festzulegen: Täglich von 20.00 bis 20.15 Uhr schenken Sie Ihren Sorgen Ihre ungeteilte Aufmerksamkeit. Danach ist Schluss. Noch besser: Führen Sie ein Sorgentagebuch. Schreiben Sie detailliert auf, was Sie beschäftigt, analysieren Sie Ihre Befürchtungen, entwerfen Sie Lösungsmöglichkeiten und blättern Sie immer wieder zurück. Sie werden feststellen, dass die meisten Ereignisse, die Sie noch vor ein paar Monaten beunruhigt haben, längst gelöst, verblasst und vergessen sind.

Akzeptieren Sie, was nicht zu ändern ist. Ziele sind gut, aber nicht, wenn sie zur fixen Idee werden. Es gehört zum Lebensrisiko, dass mal ein Urlaub platzt, dass ausgerechnet in der Endphase eines Projekts eine zeitaufwändige Wurzelbehandlung erforderlich wird oder dass der Laptop im ungünstigsten Moment den Geist aufgibt. Zum Beispiel, wie es mir kürzlich passiert ist, mitten in einem Seminar. Meine aufwändig vorbereitete Folienpräsentation konnte ich vergessen. Akzeptieren Sie die Situation.

Lehnen Sie sich nicht dagegen auf. Verzweiflung und Sorgen rauben Ihnen Energie und bringen keine Lösung. Zum Improvisieren brauchen Sie einen klaren Kopf.

Machen Sie aus verfahrenen Situationen das Beste. Holen Sie tief Luft, stehen Sie den ersten Schock durch (»Das darf doch nicht wahr sein!«) – und verabschieden Sie sich dann umgehend von Ihrem ursprünglichen Plan. Überlegen Sie sich eine zweitbeste Lösung. Am besten meistert man verfahrene Situationen mit der Einstellung des Stoikers Epiktet: »Erinnere dich daran, dass du ein Schauspieler in einem Drama bist; deine Rolle verdankst du dem Regisseur. Spiele sie, ob sie nun kurz oder lang ist. Wenn er verlangt, dass du einen Bettler darstellst, so spiele auch diesen angemessen [...] Das allein ist deine Aufgabe: *Die dir zugeteilte Rolle gut zu spielen;* sie auszuwählen ist Sache eines anderen.«

Leben Sie in der Gegenwart. Auch wenn das Leben es gerade wirklich schlecht mit Ihnen meint: der aktuelle Moment, das Hier und Heute, präsentiert sich fast immer schöner als die Zukunft, um die Sie sich sorgen. Während Sie auf den Befund der Gewebeentnahme warten oder mit ansehen, wie Ihr Aktiendepot Tag für Tag weniger wert wird, blühen die Tulpen auf, die Straßencafés beginnen sich zu füllen, Ihre Tochter macht die ersten Schritte. Ihr Seelenfrieden hängt davon ab, wie gut es Ihnen gelingt, Ihre Aufmerksamkeit weg von einer beängstigenden Zukunft hin auf den jetzigen Moment zu richten. »Ich habe Schlimmes in meinem Leben durchgemacht«, schrieb Mark Twain. »Einiges davon ist tatsächlich eingetreten.« Was die Zukunft uns bringt, wissen wir nicht. Wohin wir unsere Gedanken lenken, können wir steuern.

Sich treiben lassen

Unseren letzten Urlaub in der Provence hatten wir uns ganz entspannt vorgestellt: lange schlafen, gut essen, am Pool liegen, dösen, schwimmen, lesen. Im Stop-and-Go-Verkehr auf der Route du Soleil hatten wir uns geschworen, die Ferien diesmal ohne Freizeitstress und Pflichtprogramm zu gestalten – keine Museen, keine Fahrten entlang der Küste und auf gar keinen Fall Abstecher in touristenüberfüllte Römerstädte. Wir wollten nichts als Sonne, Wasser, Ruhe und Lavendelduft. Am nächsten Morgen kam das böse Erwachen: Ich hatte aus Versehen ein Hotel ohne Pool gebucht – romantisch zwar, in einem stillen Dorf gelegen, mit exzellenter Küche, aber eben ohne Pool und Garten. Aus unseren Plänen wurde nichts. Wir dehnten das Frühstück bis in den späten Vormittag aus, tigerten durch das Dorf, kauften eine Zeitung, tranken einen Café crème, sahen uns die romanische Kirche an, ausführlich, es war erst Mittag. Am Nachmittag setzten wir uns ins Auto und taten all das, was wir auf keinen Fall hatten tun wollen: am Meer entlangfahren, über die zugebaute Küste lästern, ziellos im Hafen von Cap Ferrat umherschlendern, unruhig, gelangweilt, Leistungsträger auf Entzug.

Ruhe und Entspannung stellen sich nicht ein, nur weil im Palmtop Urlaub steht. Muße muss reifen. Wir fanden sie am dritten Ferientag. Unversehens konnten wir stundenlang den Pétanque-Spielern zuschauen, vor dem Café sitzen und lesen, dem Orgelspieler in der alten Kirche zuhören, die verfallenen Stadtmauern entlangspazieren, langsam, träge, frei von Zweckgebundenheit und Aktionismus.

Wir hätten so gern mehr Zeit. Doch wenn wir sie haben, scheuen wir davor zurück. Aufgeputscht und hochgehypt drehen wir durch, wenn die Uhren plötzlich langsamer gehen und wir mangels Ablenkung auf uns selbst zurückgeworfen sind. Schuld an dieser Unrast ist unsere Körperchemie: Je leistungsorientierter wir im Alltag funktionieren, desto höher ist auch der Stresspegel, an den wir gewöhnt sind. Bleibt in Ruhephasen der Hormonnachschub der Stresshormone Adrenalin, Noradrenalin und Cortisol aus, gieren wir nach neuen Reizen. Langeweile, Unrast und schlechte Laune sind sozusagen Entzugserscheinungen, Stolpersteine auf dem Weg zu Muße und Seelenfrieden. Um den Freuden der *Vita contemplativa*, der langsamen beschaulichen Momente, näher zu kommen, müssen wir diese Umstellungsreaktionen des vegetativen Nervensystems annehmen und abwarten.

▨ Das können Sie tun

Lassen Sie sich treiben, einfach so. Der Wechsel zwischen Anspannung und Entspannung gelingt leichter, wenn wir auch im Alltag regelmäßig Momente des Nichtstuns und der Einkehr suchen. Gönnen Sie sich deshalb jeden Tag ein paar Einfach-so-Vergnügungen, die der Seele gut tun. Perfektionisten machen dafür Yoga, autogenes Training oder progressive Muskelentspannung. Mein persönliches Entspannungsrepertoire sieht anders aus: die Rosen schneiden und den Soundtrack zu *Jenseits von Afrika* hören. Auf den warmen Terrassenstufen sitzen und gar nichts tun. Mit meinem Kater spielen, bis er sich müde gerannt hat. Vor dem Kaminfeuer sinnieren. Im Bett frühstücken. Regale abstauben und vergessene Bücher wieder entdecken. Schlafen mitten am Nachmittag. In Wohnzeitschriften blättern und mich in Reetdachkaten und englischen Landhäusern verlieren. In selbstvergessenen Momenten wie diesen kommt der Geist zur Ruhe und die Seele zu sich.

Langweilen Sie sich. Viele Menschen macht der Gedanke kribbelig, das Pfingstwochenende zu Hause zu verbringen, am Samstagabend nichts vorzuhaben und das wirklich ausgezeichnete Angebot der örtlichen Volkshochschule im nächsten Jahr einmal unbeachtet zu lassen. Sie haben Angst, mit ihren Gedanken allein zu sein. Dabei ist Langeweile besser als ihr Ruf. Phasen der Reizarmut beruhigen die Nerven und machen den Kopf frei. Über kurz oder lang weicht die Langeweile einem Gefühl des Friedens, der Konzentration und der Kreativität.

Polen Sie den Körper auf Ruhe. Wie lange die Umstellung von Anspannung auf Entspannung dauert, hängt davon ab, wie sehr Sie sich im Alltag mit Verpflichtungen, Verantwortungen und Reizen zuschütten. Je hochtouriger Sie laufen, desto mehr Zeit braucht das Entspannungssystem des Körpers, um auf Nichtstun umzuschalten. Es gibt aber einige Möglichkeiten, den Körper auf Ruhe zu polen: Dunkelheit, langsame rhythmische Bewegungen (Schaukelstuhl, Hängematte, Wandern, Bahn fahren), monotone Reize (Meeresrauschen, Brunnenplätschern, Holz hacken), gefühlvolle Musik, wiederkehrende Routinen im Tages-, Wochen- und Jahresablauf.

Reagieren Sie flexibel. Setzen Sie sich Ziele, teilen Sie sich Ihre Zeit gut ein, optimieren Sie Abläufe, wo es nur geht. Aber reagieren Sie flexibel, wenn Ihre Pläne einmal nicht aufgehen. Weil Sie auf dem Weg zum Steuerberater einem Studienfreund begegnen, den Sie seit dem Examen nicht mehr gesehen haben. Weil Ihre Tochter unbedingt mit Ihnen reden muss.

Oder weil Ihr Partner unerwartet zwei Stunden früher nach Hause kommt. Starren Sie in solchen Situationen nicht verbissen auf den Terminkalender. Genießen Sie die unerwartete Freude, statt an den vorgefassten Plänen festzuhalten.

Schlamper haben mehr vom Leben. Ein Tipp für Leistungs- und Lifestyle-Perfektionisten: Wahrscheinlich können Sie erst entspannen, wenn die Fachliteratur aufgearbeitet, der Frühstückstisch für den nächsten Tag gedeckt und das Programm für den Kindergeburtstag entworfen ist. Bei so viel Selbstdisziplin kommen Einkehr und Nichtstun regelmäßig zu kurz. Dabei würden sich gerade in Leerlaufzeiten neue Ideen ganz von selbst einstellen. Tragen Sie deshalb in Ihrem Tagesplan zwei oder drei zehn- bis zwanzigminütige Einfach-so-Pausen ein, zum Meditieren, aus dem Fenster schauen, Musik hören. Außerdem wichtig: Lernen Sie in kleinen Schritten, mit Unvollkommenheit zu leben. Geben Sie eine Ausgabe Ihrer wichtigsten Fachzeitschrift ungelesen an einen Kollegen weiter, kaufen Sie den Kuchen beim Konditor statt selbst zu backen, rufen Sie Ihre E-Mails nur noch zweimal täglich statt stündlich ab, gehen Sie (fast) ungeschminkt ins Büro. Sie werden sehen, den anderen fällt der Unterschied kaum auf.

Unrealistische Überzeugungen loslassen

Perfektionismus und unrealistische Erwartungen sind der Feind von Muße und Gelassenheit. Wer sich vornimmt, mit Ende dreißig im Vorstand zu sitzen, muss zwangsläufig die besten Jahre der Karriere opfern. Wessen Leitsatz lautet: Erst die Arbeit, dann das Vergnügen, wird es nie schaffen, mal fünf gerade sein zu lassen. Wer ernsthaft erwartet, als Durchschnittsverdiener in sieben Jahren die erste Million ersparen zu können, ist natürlich enttäuscht, wenn am Ende ein beachtliches, aber doch sehr viel kleineres Vermögen auf dem Konto liegt. Wer sein Aussehen an den weichgezeichneten Schönheiten in Frauenzeitschriften misst, kann nicht umhin, das eigene Spiegelbild missmutig zu betrachten.

Überzogene Ansprüche lassen sich, wenn überhaupt, nur mit erheblichen fachlichen, organisatorischen und nervlichen Klimmzügen erfüllen. Die damit verbundene Überforderung, die vorprogrammierte Frustration machen unzufrieden, nicht glücklich. Wer gelöst sein will, sollte deshalb unerreichbare Ziele und weltfremde Klischees über Bord werfen.

Das können Sie tun

Beobachten Sie sich selbst. Gelassenheit heißt nicht, dem Leben gleichgültig und ohne klare Vorstellungen zu begegnen. Gelassenheit bedeutet, sich häufiger kritisch zu beobachten – sozusagen von einer höheren Warte aus: Warum hänge ich mich so rein? Was will ich mit meinem Engagement erreichen? Wie geht es mir dabei? Fühle ich mich überfordert? Unterfordert? Ist mein Ziel mit einem angemessenen Aufwand erreichbar? Folge ich blindlings einer Mode, einem Trend, einer Hysterie? Stress entsteht, wenn die Schildkröte versucht, das Rennpferd zu überholen. Selbstbeobachtung hilft, die eigenen Impulse, Erwartungen und Vorurteile zu durchschauen und in Frage zu stellen.

Polen Sie sich auf eine gemäßigt optimistische Einstellung. Erwarten Sie nichts Besonderes. Freuen Sie sich nicht zu sehr. Fiebern Sie einem Ereignis nicht entgegen. Rechnen Sie nicht mit dem Schlimmsten, aber auch nicht mit dem Idealfall. Wenn Sie sich auf eine neutrale Einstellung ohne übertriebene Ansprüche an sich, an andere und das Leben überhaupt polen, können Sie nur angenehm überrascht werden.

Lösen Sie sich von Klischees. Innerer Stress entsteht häufig durch Idealvorstellungen und überhöhte Erwartungen an sich und andere – Glaubenssätze, mit denen wir uns selbst unter Druck setzen. Meistens haben wir solche Einstellungen unkritisch von unserer Umgebung übernommen. Erkennen Sie die Prinzipien, mit denen Sie sich das Leben schwer machen. Typische Beispiele für solche Denkmuster sind:

- Erst die Arbeit, dann das Vergnügen.
- Eine solche Chance bekomme ich nie wieder.
- Es gibt vieles, was ich noch besser machen könnte.
- Andere schaffen das auch.
- Starke Menschen brauchen keine Hilfe.

- Weihnachten ist das Fest der Liebe.
- Eine richtige Frau/Ein richtiger Mann hat/kann/tut ...
- Was ich mache, mache ich richtig.
- Oben ist es einsam.
- Selbständig sein heißt: Selbst und ständig zu arbeiten.
- Wer will, der kann.
- Ich will niemandem wehtun.
- Von nichts kommt nichts.
- Wenn ich es selbst mache, geht es schneller.
- Private Probleme muss man mit sich selbst ausmachen.
- Wenn ich es nicht mache, tut es keiner.
- Hinter jeder Lösung verbirgt sich eine noch bessere.

»Gut und schön« heißt für mich:

Welche Anregungen aus diesem Kapitel können Sie ohne große Anstrengung in Ihren Alltag integrieren? Auf welche Weise? Wann genau? Welchem Aspekt Ihres Gelassenheitsportfolios werden Sie künftig mehr Aufmerksamkeit schenken?

Literatur

ARGYLE, MICHAEL. *The Psychology of Happiness.* Methuen & Co 1987

BARTOLOMÉ, FERNANDO, EVANS, PAUL A. LEE. *Must Success Cost So Much? Harvard Business Review on Work and Life Balance.* Harvard Business School Press 2000

BAUR, EVA GESINE. *Der Luxus des einfachen Lebens.* dtv 2003

BERCKHAN, BARBARA. *Schluss mit der Anstrengung. Ein Reiseführer in die Mühelosigkeit.* Heyne 2005

BODENMANN, GUY. *Wie Partnerschaft gelingt.*
http://www.unifr.ch/iff/documents/ article10.PDF

BOSTON CONSULTING GROUP. *The Growth Share Matrix.*
http://www.bcg.com/this_is_bcg/mission/growth_share_matrix.asp

BRAIG, AXEL, RENZ, ULRICH. *Die Kunst, weniger zu arbeiten.* Fischer 2003

BRANDES, DIETER. *Von ALDI lernen: Das Prinzip Einfachheit.*
http://www.konsequent-einfach.com/texte.html

CSIKSZENTMIHALYI, MIHALY. *Kreativität. Wie Sie das Unmögliche schaffen und Ihre Grenzen überwinden.* Klett-Cotta 2001

CSIKSZENTMIHALYI, MIHALY. *Lebe gut! Wie Sie das Beste aus Ihrem Leben machen.* dtv 2001

GOTTMAN, M. JOHN. *Die 7 Geheimnisse der glücklichen Ehe.* Econ Ullstein 2002

JOPPE, JOHANNA, GANOWSKI, CHRISTIAN, GANOWSKI, FRANZ-JOSEF. *Chefsache Privatleben. Mit Managementmethoden zur persönlichen Balance.* Campus 2001

KRACKE, BÄRBEL, HOFER, MANFRED. *Familie und Arbeit.* http://www.uni-bielefeld.de/psychologie/ae/AE09/ LEHRE/Ws01-02/lebennormal/beruffam.pdf

KRONES-MAGAZIN. *Die Lessness-Bewegung. Vom Konsumrausch zur neuen Sinnsuche.* Krones AG 01/2001

KÜSTENMACHER, WERNER TIKI. *Simplify your life. Einfacher und glücklicher leben.* Campus 2006

MÜLLER-SCHNEIDER, THOMAS. »Die Erlebnisgesellschaft – der kollektive Weg ins Glück.« *Politik und Zeitgeschichte* 12/2000, 24–30

OPASCHOWSKI, HORST. W. *Leben auf der Überholspur. Folgen und Folgerungen.* Institut für Sozialpädagogik, Erwachsenenbildung und Freizeitpädagogik der Universität Hamburg 2001

POSSEMEYER, INES. »Stress. Wie meistern wir die schöne neue Arbeitswelt?« *Geo* März 2002, 143–169

RIFKIN, JEREMY. »24 Stunden geöffnet. Wie schnell sind wir am Ende?« *Süddeutsche Zeitung* vom 28. Mai 2001

ST. JAMES, ELAINE. *Living the Simple Life.* Hyperion 1996

STANLEY, THOMAS J., DANKO, WILLIAM D. *The Millionaire Next Door.* Pocket Books 1996